O FILÓSOFO AUTODIDATA

FUNDAÇÃO EDITORA DA UNESP

Presidente do Conselho Curador
Mário Sérgio Vasconcelos

Diretor-Presidente
Jézio Hernani Bomfim Gutierre

Superintendente Administrativo e Financeiro
William de Souza Agostinho

Conselho Editorial Acadêmico
Danilo Rothberg
Luis Fernando Ayerbe
Marcelo Takeshi Yamashita
Maria Cristina Pereira Lima
Milton Terumitsu Sogabe
Newton La Scala Júnior
Pedro Angelo Pagni
Renata Junqueira de Souza
Sandra Aparecida Ferreira
Valéria dos Santos Guimarães

Editores-Adjuntos
Anderson Nobara
Leandro Rodrigues

COLEÇÃO
PEQUENOS FRASCOS

Ibn Tufayl

O filósofo autodidata

Tradução
Isabel Loureiro

© 2000 Éditions Mille et une nuits, département des éditions Fayard
Título do original em francês: *Le Philosophe Autodidacte*
Tradução francesa do árabe: Léon Gauthier
Revisão da tradução francesa: Séverine Auffret e Ghassan Ferzli

© 2005 da tradução brasileira:

Fundação Editora da Unesp (FEU)
Praça da Sé, 108
01001-900 – São Paulo – SP
Tel.: (0xx11) 3242-7171
Fax: (0xx11) 3242-7172
www.editoraunesp.com.br
www.livrariaunesp.com.br
atendimento.editora@unesp.br

CIP – Brasil. Catalogação na fonte
Sindicato Nacional dos Editores de Livros, RJ

I21f

Ibn Tufayl, Muhammad ibn 'Abd al-Malik, 1105-1186

O filósofo autodidata / Ibn Tufayl; tradução [da versão francesa] de Isabel Loureiro. – São Paulo: Editora UNESP, 2005. (Pequenos frascos)

Tradução de: Le philosophe autodidate
Inclui bibliografia
ISBN 85-7139-599-3

1. Romance filosófico – Obras até 1800. 2. Filosofia árabe. 3. Filosofia medieval. I. Loureiro, Isabel Maria, 1953-. II. Título. III. Série.

05-1745   CDD 181.07
                                                       CDU 1(=411.2)

Editora afiliada:

Asociación de Editoriales Universitarias de América Latina y el Caribe

Associação Brasileira de Editoras Universitárias

Sumário

7 . Apresentação – Tarzã, o homem sábio

17 . Nota sobre o texto e a tradução francesa

21 . Sobre o autor

25 . O filósofo autodidata

APRESENTAÇÃO
TARZÃ, O HOMEM SÁBIO

Para meu irmão Thierry

O homem só, agindo e pensando no deserto de uma ilha selvagem, não é, como se poderia crer, invenção de um século XVIII com falta de aventuras, exotismo e "natureza". Pensamos em Robinson, evidentemente, em todas as suas variantes – inglesas, suíças, francesas e outras.

E se os zeladores do pensamento árabe protestam: "Não, Hayy ibn Yaqzan não é Robinson!", eles têm razão. Pois o solitário de Ibn Tufayl inaugura a humanidade numa penúria que leva a pensar antes em Tarzã. Comparação mais operante do que parece, sobretudo se evocarmos o belo filme de Hugh Hudson, *Greystoke, a lenda de Tarzã, senhor dos macacos.*

Como ele, Hayy talvez seja filho de um casal real, imolado em sua felicidade e beleza.

Ou então filho da própria vida, enquanto produz as plantas, os animais, os homens, a partir de uma terra efervescente. Entre essas duas versões possíveis, o autor recusa pronunciar-se; isso não tem importância. A preocupação não é com a verossimilhança, e sim com a força e a convicção provenientes do esforço para compreender.

Pois Hayy ibn Yaqzan, cujo nome quer dizer: "Vivo, filho do Acordado", ou ainda "do Vigilante", não tem na sua ilha deserta nenhuma bagagem, nenhuma memória.

Vivo (Vivant) – por que não "Viviano" (Vivien), se se quisesse domesticar seu nome? – começa no plano das coisas, na raiz mesma do ser. Puro principiante, ele inventa, cria, sofre, descobre, goza e compreende, engana-se e corrige-se fora de toda tradição, de toda sociedade prévia. Apresenta assim a fisionomia do homem reduzido à sua candura inicial e, como consequência de um destino feliz, de uma constituição excelente, elevando-se por si mesmo ao ápice da perfeição.

Isso explica a fascinação exercida por esse texto de um século XII profundo (século VI da Hégira para o mundo árabe), suas múltiplas traduções, seus ecos incongruentes, até seus "esquecimentos" significativos.

Inexplicavelmente pouco lido na Europa em nossos dias, ele constitui um dos primeiros best-sellers, anterior mesmo à imprensa. Primeiro difundido e comentado nos países de língua árabe, traduzido em hebraico e objeto de um comentário de Moisés de Narbonne em 1349, a Europa do norte se apropria dele, com a tradução latina de Edward Pococke (Oxford, 1671), sob o título *Philosophus autodidactus* (O filósofo autodidata) adotado no mundo de língua latina, donde se segue uma série de traduções inglesas, holandesas, alemãs, francesas, e em seguida, agrupadas até nossa época, espanholas, russas etc.

Uma das anedotas que enriquecem o percurso sinuoso das obras merece ser assinalada: a *Bibliotheca Rosenthaliana* de Amsterdã dispõe de um exemplar das *Opera posthuma* de "Despinosa", encadernada com uma tradução de Hayy ibn Yaqzan (*Het leven van Hay Ibn Jokdhan*) que tem a assinatura

S.D.B., que poderia ser o anagrama do "B.D.S." que usava Espinosa. Os eruditos mostraram que Espinosa não conhecia suficientemente nem o árabe nem o holandês para ser o autor desse trabalho, que pertenceria provavelmente a um de seus amigos mais próximos, Johan Bouwmeester, conhecedor das duas línguas. Para todos os familiarizados com o pensamento espinosiano, é claro que a obra de Ibn Tufayl foi lida atentamente pelo mestre assim como por seu círculo, constituindo um elo muito forte para estabelecer comunicação entre os pensamentos "do Oriente" e "do Ocidente".

Que os autores modernos de ficções de ilha deserta tenham captado seus ecos longínquos é pelo menos provável. Observa-se em todo caso que a primeira parte do *Robinson* de Daniel Defoe, publicada em 1719, aparece pouco depois da tradução do livro de Ibn Tufayl por Ockley, em Londres, em 1708. Seria uma pena não tirar o original da sombra.

O sucesso popular antigo da obra decorre em primeiro lugar de uma forma: o romance. É certo que Ibn Tufayl é um filósofo da grande época árabe-andaluza, introdutor e protetor de Averróes junto ao califa Abu Yakub Yusuf – líder dos crentes do Islã em Marrakech, e espécie de "rei-filósofo" que atraía para sua corte os sábios de numerosos países.

Os múltiplos escritos atribuídos ao pensador de Guadix, que foi ao mesmo tempo homem político, médico, matemático e astrônomo, mas que parece não ter desenvolvido um pensamento filosófico original, desapareceram todos, com a feliz exceção do presente, o romance de *Hayy ibn Yaqzan*. Existe uma grande possibilidade de que a exceção seja devida a esta forma mesma. O século XII é o do romance nascente: *Tristão e Isolda*, *Cligès, o Cavaleiro do Leão*, berço inesgotavelmente fecundo até nossos dias. Vejamos uma definição mínima do romance: narração em prosa que faz atuar personagens singulares em situações concretas de tempo e de lugar, desenvolvendo uma sucessão coordenada de acontecimentos dramáticos que formam a trama de uma vida humana, a existência de um indivíduo.

Hayy ibn Yaqzan, desse ponto de vista, é um sucesso. Além de um preâmbulo um pouco obscuro para o não especialista, Ibn Tufayl consegue formar uma narração cativante, arquitetar um personagem vivo e crível – a despeito do caráter um tanto "maravilhoso-mítico" de sua história –, um verdadeiro indivíduo, cujas tribulações marcadas por certas cenas (a morte da mãe-gazela, o encontro com Assal, o anacoreta, a malfadada viagem para a civilização) nos prendem e comovem.

A habilidade de Ibn Tufayl consiste em envolver o desenvolvimento – que de outro modo seria bem árido – das ideias e das teses na trama de uma aventura ao mesmo tempo "exterior" e "interior". O raciocínio mesmo – aquele pelo qual nosso herói, por exemplo, estabelece a existência de um autor do universo – adquire aí um calor singular. "O Uno e o Múltiplo", "o Ser e o Nada", "a Eternidade e a Criação" afastam-se de um registro de frieza conceitual para se tornarem questões vitais.

Ao mesmo tempo "romance de aventuras", "romance filosófico" a serviço de teses, como em breve os de Baltasar Gracián, e depois Voltaire, Diderot, "romance de educação" como o *Emílio* de Rousseau, *Hayy ibn Yaqzan* ilustra ainda, e principalmente, esse veio que é o do "romance de iniciação".

A existência do personagem se desenvolve, com efeito, sob a forma de um percurso iniciático, de ressonâncias simbólicas. Sua vida compreende etapas cuidadosamente calculadas: quarenta e nove anos, sete vezes sete anos.

Cada uma dessas etapas corresponde a um dos momentos de um percurso que é ao mesmo tempo o percurso de uma inteligência e o de uma alma. Do nascimento à idade de sete anos, Vivo descobre a simpatia e a afeição dos seres que se lhe assemelham: os animais. Momento de uma inteligência curiosa, imersa no sensível, que virá a ser brutalmente interrompido pela "saída do paraíso", o pudor. De sete a quatorze anos, o menino explora um mundo mais vasto, desenvolve a experiência e a observação, até o momento da grave confrontação que vai despertar-lhe o espírito de pesquisa: a morte do ser mais querido – a morte da "mãe-gazela". Definitivamente só, ele desenvolve de quatorze a vinte e um anos sua época "prometeica" de técnico inventor de instrumentos: a época em que constrói, produz, utiliza as coisas e os animais. A quarta etapa, de vinte e um a vinte e oito anos, inaugura a saída do registro pragmático em direção ao teórico, fundada pelo autor numa ideia tirada de Aristóteles, mediada por Avicena, a ideia do trabalho que o "intelecto agente" opera sobre o "intelecto paciente" ou "material". É apenas na quinta etapa, entre vinte e oito e trinta e cinco anos, que Hayy se eleva em direção à meditação metafísica, para atingir em seguida a sabedoria (reflexão sobre o homem e a alma), e por fim uma prática religiosa isenta de toda revelação externa, indo até o êxtase místico, a ascese, a intuição e a união.

O romance poderia acabar aí, e é preciso observar o caráter abrupto e precipitado da continuação. Ela oferece contudo os momentos mais animados do livro: aqueles que resultam da confrontação entre o solitário e a "civilização". O Sexta-Feira desse Robinson não é exatamente um selvagem. Com algumas pinceladas, Ibn Tufayl pinta a surpresa, a curiosidade, a perseguição, a mescla de felicidade e infelicidade desses dois homens em que um vai ensinar ao outro linguagem, símbolos e signos, enquanto o outro, o aparente "selvagem" de vasta cabeleira, faz o civilizado exposto à civilização descobrir as proezas de uma inteligência espontânea que não foi viciada por nenhuma educação, a imensidade de uma sabedoria autêntica, que pode zombar da presunção dos rituais exteriores e das hipocrisias da convenção. Nenhum dos dois homens visa fazer do outro seu escravo, mas o mais civilizado encontra nesse "selvagem" o mestre em inteligência e em bondade com que não teria ousado sonhar.

O curso bastante tranquilo da história dá uma guinada subitamente dramática quando o solitário vai descobrir em seu próprio lugar a "civilização". Nesse último capítulo, Ibn Tufayl mobiliza um tema que ficou em latência desde o preâmbulo: será que a religião revelada, em sua interpretação formalista e rigidamente literal, pode tolerar a sabedoria natural de um espírito livre? Será que pode tolerar o encargo pessoal dos símbolos, que visa desenvolver o espírito, o sentido alegórico? Será que pode tolerar que se queira afastar dela e que se ridicularizem suas observâncias?

Não, responde o autor. Para esses homens, a grande massa, que não sabem senão obedecer e temer as ameaças do além, a religião da multidão, da autoridade e dos símbolos é necessária: ela os reprime.

Antecipando-se a exações iminentes, os dois sábios retornam ao deserto da ilha.

O círculo da solidão torna-se a fechar. Vivo ganhou um amigo: Assal. Os dois na ilha não formam uma sociedade, mas a comunidade eletiva e mutuamente respeitosa de uma amizade.

Irredutível solidão do sábio.

Séverine Auffret

Nota sobre o texto
e a tradução francesa[1]

O texto aqui apresentado segue no essencial a tradução de Léon Gauthier, Argel, 1900, revista e modificada por ele mesmo em 1936 a partir de um texto estabelecido sobre novos manuscritos. Nossas modificações são menores, de ordem principalmente estilística, visando apenas a um acesso mais claro a uma obra duplamente "exótica", pela época e pelo contexto, e cuja tradução estritamente erudita poderia desanimar o grande público.

Apoiando-nos no texto árabe produzido em seguida por Albert Nasri Nader (Dar el-Machreq,

---

1 Dada a multiplicidade de edições e versões do clássico de Ibn Tufayl, é importante que seja explicada a origem do texto base para a presente edição e salientados os critérios empregados pela tradução francesa. (N. E.)

Beirute, 1968), na tradução latina de E. Pococke (Oxford, 1671) e na tradução espanhola de Miguel Angel Gonzalez Palencia (Madrid, 1934), modificamos frequentemente a pontuação, simplificamos a frase esforçando-nos para não perder nada de seu sentido, aliviando-a das fórmulas de ligação sem pertinência em francês; mas nossa contribuição principal consiste numa marcação do texto (inexistente no original), de ordem ao mesmo tempo cronológica e lógica, seguindo a simbólica iniciática das "sete etapas", de preferência a outros critérios temáticos demasiado heteróclitos ou menos pertinentes.

No Preâmbulo, parte de grande importância tanto pela riqueza do conteúdo quanto pelo lugar inaugural na leitura, latinizamos os nomes dos filósofos, de acordo com a tradição ocidental, substituindo Abu Ali ibn Sina por Avicena, Abu Bakr Muhammad ibn al-Saig ibn Bajja por Avempace etc., com os referentes árabes indicados em notas.

Isolamos do texto com travessões as fórmulas rituais de proteção, e suprimimos tanto quanto possível as maiúsculas que adornam os conceitos, do tipo: o Ser, o Autor, o Agente, o Primeiro, o

Verdadeiro, o Altíssimo etc. (convenções inexistentes na grafia árabe). Quanto ao resto, notando a recorrência das metáforas visuais empregadas por Léon Gauthier, presentes aliás no texto árabe, esforçamo-nos, quando o contexto permitia, para variar os equivalentes do verbo "ver" (perceber, observar, captar, notar, compreender etc.). Do mesmo modo, limitamos a recorrência do termo "noção" (às vezes interpolado inutilmente por Léon Gauthier), que o referente árabe permite traduzir por "ideia" ou por um outro termo aparentado.

S. Auffret e G. Ferzli

SOBRE O AUTOR

Cerca de 1105 (século VI da Hégira). Nascimento, na pequena cidade andaluza de Guadix (chamada então Wadi Ach), de Muhammad ibn Abdal-Malik ibn Tufayl al-Qaysi, chamado segundo o nome de um de seus filhos Abu Bakr (os escolásticos latinos o designarão com o nome de Abubacer), e às vezes Abu Jaafar (segundo o nome de outro de seus filhos). Pelo trisavô liga-se à ilustre tribo árabe dos Qaïs. Ignora-se tudo de sua infância, juventude e família. Seu estilo e seus conhecimentos levam a supor que estudou ciências e letras em Sevilha e Córdoba, os dois grandes centros intelectuais da Espanha muçulmana. É considerado um discípulo de Avempace (Ibn Bajja), filósofo nascido em Saragoça, ainda que nunca o tenha encontrado.

A biografia de Ibn Tufayl é pobre em datas. A maioria é inferida a partir de outros acontecimentos da política árabe e andaluza, ou da história da filosofia. Ignoram-se as datas das diferentes obras que lhe são imputadas (em medicina, astronomia, e mesmo em filosofia), assim como a data de redação do romance *Hayy ibn Yaqzan*.

A primeira parte de sua carreira se desenvolve em Granada, onde exerce a medicina, em seguida torna-se secretário dessa província.

Cerca de 1150. A partir dos quarenta anos, Ibn Tufayl divide-se entre a medicina e altas missões políticas e diplomáticas.

1154. Realiza várias viagens, torna-se secretário do Sid Abu Said, governador de Ceuta e de Tânger, filho de Abd al-Mumen, o fundador da dinastia almóada.

Vai em seguida para Marrakech, onde se torna amigo e médico pessoal do sultão almóada Abu Yakub Yusuf, líder dos Crentes do Islã do Ocidente e "rei filósofo", atraindo para a corte desse príncipe sábios de todos os países. Ibn Tufayl representa aí um papel importante para o desenvolvimento ulterior da filosofia árabe: proteger Averróes, que beirava então os trinta anos, apresentando-o ao califa.

Cerca de 1168. Ibn Tufayl leva Averróes a compor seu comentário de Aristóteles.

Cerca de 1182. Delega a Averróes suas funções de médico do califa.

1184. Após a morte do califa, substituído por seu filho e sucessor, Abou Yusuf Yakub, Ibn Tufayl conserva os favores do novo soberano.

1185-1186. Morte de Ibn Tufayl em Marrakech. Averróes morrerá treze anos mais tarde, em 1198.

O FILÓSOFO AUTODIDATA

Preâmbulo

Em nome de Deus clemente e misericordioso: que ele cubra com suas bênçãos nosso senhor Maomé, sua família e companheiros, e lhes conceda a salvação!

Tu me pediste, excelente irmão, sincero e caro – que Deus te dê vida eterna e alegria infinita! –, que te revelasse o que pudesse dos segredos da filosofia iluminativa que nos foi comunicado pelo mestre Avicena,[1] príncipe dos filósofos.

---

1 Abu Ali ibn Sina. Daremos nas notas os nomes árabes dos filósofos citados, pondo no texto a designação adotada pela tradição ocidental, mais curta e mais fácil de identificar. Todas as notas seguintes são do editor.

Que o saibas: aquele que quer a verdade sem véus deve procurar esses segredos por conta própria e fazer todos os esforços para obtê-los.

Mas teu pedido insuflou-me ardor bastante para fazer-me atingir – Deus seja louvado! – a intuição de um estado extático que não havia experimentado antes, alcançando uma etapa tão extraordinária que nem a língua nem todos os recursos do discurso poderiam dar conta dele, porque esse estado não tem relação com a linguagem e é de natureza completamente diferente.

A única relação desse estado com a linguagem é que aquele que alcança uma de suas etapas, em virtude da alegria, do contentamento e da volúpia que sente, não pode calar-se a seu respeito nem guardá-lo só para si. Ele é presa de uma emoção, de um júbilo, de uma exuberância e de um regozijo que o levam a comunicar esse estado e a divulgá-lo de uma maneira ou outra.

Se for um homem falto de ciência, ele o fará sem discernimento. Um dentre eles, por exemplo, chegou a dizer: "Que eu seja louvado! Como sou grande!". Um outro declarou: "Eu sou a Verdade!".

Um outro, por fim: "Aquele que está debaixo desta vestimenta é o próprio Deus!".

Tendo chegado a esse estado, Al-Ghazali[2] escreveu este verso: "O que ele é, não saberia dizê-lo. Pensa bem dele e não peças para saber o que ele é". Mas era um espírito afinado pela cultura literária e fortificado pela ciência.

Considera também as palavras de Avempace[3] que vêm depois de sua descrição da conjunção:[4]

Quando se chega a compreender o que quero dizer, vê-se então claramente que nenhum conhecimento pertencente às ciências ordinárias pode ser posto na mesma posição. A compreensão dele é dada numa condição em que nos vemos separados de tudo o que nos precede, munidos de convicções novas que nada têm de material, nobres demais para terem relação com a vida física. Esses estados próprios aos bem-aventurados,

---

2 Xeque Abu Hamid.

3 Ibn Baijja, ou Abu Bakr ibn al-Saig.

4 *Conjunção*: termo do vocabulário místico que significa a união do intelecto humano com o intelecto divino. É uma das "estações" da progressão mística. Encontraremos esses termos no fim do romance, na última das "sete etapas" que constituem o desenvolvimento do espírito do herói.

libertos da composição que depende da vida natural, são dignos de serem chamados estados divinos: Deus os concede a quem lhe agrada dentre seus servidores.

Essa condição de que fala Avempace, a ela se chega pela via da ciência especulativa e da meditação. Talvez ele mesmo tenha alcançado esse ponto.

Mas a condição de que te falei antes é diferente. Ela é a mesma no sentido de que aí não se revela nada de distinto da evocada por Avempace, mas difere dela por uma clareza maior, e porque a intuição aí se produz com uma certa qualidade que chamamos metaforicamente de intensidade, na falta de encontrar na linguagem ordinária ou na terminologia técnica um termo próprio que exprima a qualidade de uma tal intuição. Esse estado, cujo sabor teu pedido me levou a sentir, é um daqueles que Avicena assinalou ao dizer:

> Em seguida, quando a vontade e a preparação o conduziram até uma certa etapa, ele capta breves e suaves aparições da verdade cuja aurora entrevê, semelhantes a clarões que apenas veria brilhar e desaparecer. Se perseverar nessa preparação, essas iluminações súbitas se multiplicam e ele torna-se perito em provocá-las, a

ponto de lhe chegarem sem preparação. Em todas as coisas que percebe, só considera a relação delas com a santidade sublime, enquanto conserva uma certa consciência de si mesmo. Em seguida, chega-lhe uma nova iluminação súbita, e pouco falta para que veja a verdade em todas as coisas. Por fim, a preparação o conduz a um ponto em que seu estado momentâneo se transforma em quietude perfeita. O que era furtivo torna-se habitual, o que era luz frouxa torna-se chama brilhante; chega a um conhecimento estável que se assemelha a uma sociedade contínua.

Avicena descreve assim as etapas sucessivas até que cheguem à obtenção, um estado no qual

seu ser interior torna-se um espelho polido orientado para a verdade. Então os gozos do alto se derramam abundantemente sobre ele. Regozija-se em sua alma com os traços de verdade que nela capta. Nessa situação, ele está em relação, por um lado com a verdade, por outro com sua alma, e flutua de uma à outra. Por fim, perde consciência de si mesmo. Só considera a santidade sublime, ou então, se considera sua alma, é somente na medida em que ela contempla. Nesse momento ocorre necessariamente a unificação completa.

Avicena quer que o sabor possa ser obtido apenas por esses estados que descreveu, e não pela via

da percepção especulativa, que é a obtida por racio-
cínios, pondo premissas e tirando conclusões.

Se quiseres uma comparação que te faça claramente captar a diferença entre a percepção assim
compreendida e a percepção tal como se a entende
habitualmente, imagina um cego de nascença, dotado entretanto de uma boa natureza, inteligência
viva e firme, memória segura, espírito reto. Ele teria
crescido desde o nascimento numa cidade onde não
teria parado de aprender, por meio dos sentidos que
lhe restam, a conhecer individualmente os habitan-
tes, numerosas espécies de seres vivos ou inanimados, a conhecer as ruas da cidade, as ruelas, as casas,
os mercados, de modo que possa percorrer a cidade
sem guia e reconhecer imediatamente todos aqueles
que encontra. Só não conheceria as cores, a não ser
pelas explicações dos nomes que têm e por certas
definições que as designam.

Supõe que neste ponto seus olhos se abram, que
comece a ver, que percorra toda a cidade e que lhe dê
a volta: não achará nenhum objeto diferente da ideia
que fazia dele, não encontrará nada que não reco-
nheça, encontrará as cores segundo as descrições que

lhe tinham sido dadas, e nisso tudo não haverá nada de novo para ele, a não ser duas coisas importantes, uma como consequência da outra: uma claridade, um brilho maior e uma grande volúpia.

O estado dos homens de pensamento que não chegaram à fase da familiaridade com Deus é o primeiro estado do cego. As cores que conhece nesse estado pelas explicações de seus nomes são as coisas que Avempace diz que são sublimes demais para serem relacionadas com a vida física, e que Deus concede a quem lhe agrada dentre seus servidores. O estado dos pensadores que chegaram à fase da familiaridade, e a quem Deus doou essa coisa que eu disse que não era chamada intensidade senão metaforicamente, é o segundo estado desse cego. Mas encontra-se raramente um homem que, quando tem os olhos abertos, goze de uma vista sempre penetrante sem ter necessidade de olhar.

Por "percepção dos pensadores" não entendo aqui – Deus te honre com sua familiaridade! – o que eles percebem do mundo físico, assim como não entendo por "percepção dos familiares de Deus" o que eles percebem de suprafísico, pois esses dois gêneros de objetos perceptíveis são muito diferentes entre si e não se confundem um com o outro. O que nós entendemos por "percepção dos pensadores" é o que eles percebem de suprafísico: é o que percebia Avempace. Ora, a condição dessa percepção especulativa é que ela seja verdadeira e fundamentada. Em consequência, ela está em conformidade com a percepção própria aos familiares de Deus, que conhecem as mesmas coisas, mas com mais clareza e com uma extrema volúpia.

Avempace denigre essa volúpia de que falam os sufis.[5] Ele a relaciona com a faculdade imaginativa e se empenha em expor as condições que provocam esse estado de ventura. Mas é preciso lhe responder aqui: não declares como doce o sabor de uma coisa que não experimentaste e não pises a cabeça dos homens de bem. Pois ele não manteve esse empenho. É provável que tenha sido impedido pela falta de tempo de que fala e pelo transtorno causado por sua viagem a Orã; ou viu também que, se descre-

---

5 Sufis: praticantes de uma seita mística do Ilã, que visa ao puro amor de Deus sem medo do inferno nem esperança num paraíso.

vesse esse estado, seria levado a condenar sua própria conduta e o encorajamento que havia dado à aquisição, à acumulação de grandes riquezas e ao emprego de meios diversos para consegui-las.

Porém afastei-me mais do que o necessário do assunto que me convidaste a tratar.

Resulta claramente do que precede que teu pedido não pode visar senão a um destes dois fins:

Ou bem desejas conhecer o que vêem os homens que gozam da intuição do gosto, e que chegaram à fase da familiaridade com Deus – mas é uma coisa de que não se pode dar ideia adequada num livro e, desde que se tente, desde que se procure exprimi-la com palavras ou em escritos, sua natureza se altera e ela cai no outro gênero: o gênero especulativo. Pois, ao se revestir de consoantes e de vogais e ao se aproximar do mundo sensível, ela perde sua identidade originária, e as maneiras de interpretá-la diferem grandemente: alguns se desviam muito do reto caminho, outros parecem ter se desviado quando não é absolutamente o caso. Isso provém de ser uma coisa não delimitada numa extensão exterior, e que envolve sem ser envolvida.

{35}

Ou bem, e esse é o segundo fim, pois teu pedido, dizia eu, não podia visar senão a um ou outro, desejas conhecer essa coisa segundo o método dos filósofos; e aí – Deus te honre com sua familiaridade! – é uma coisa própria a ser consignada em livros e expressa em palavras. Mas ela é mais rara que o enxofre vermelho, sobretudo neste mundo onde vivemos, pois é aí tão estranha, que só um ou outro homem recolhe dela algumas parcelas. E mais, aqueles que dela recolheram um pouco só falaram por enigmas, uma vez que a religião revelada proíbe que nos entreguemos a essa coisa e nos põe em alerta contra ela.

Não acredites que a filosofia que nos chegou nos escritos de Aristóteles, de Al-Farabi e no *Livro da cura* de Avicena satisfaça teu desejo, nem que qualquer dos andaluzes tenha escrito algo que baste nesse domínio. Pois os homens de espírito superior que viveram na Andaluzia antes da difusão da lógica e da filosofia nesse país consagraram a vida às ciências matemáticas. Nelas atingiram um alto grau de perfeição, mas nada mais fizeram. Uma geração de homens os seguiu, e superou-os em certos conhecimentos em lógica: eles ocuparam-se dessa ciência, mas ela não os conduziu à verdadeira perfeição. Um deles disse: "É para mim aflitivo que as ciências sejam reduzidas a duas: uma verdadeira, impossível de adquirir, e uma inútil, cuja aquisição não serve para nada".

Veio em seguida uma outra geração de homens mais hábeis na especulação, que se aproximaram mais da verdade. Nenhum deles possuiu espírito mais penetrante, raciocínio mais seguro, vista mais justa que Avempace, mas os negócios do mundo o absorveram de tal modo que a morte o levou antes que tivesse tido tempo de trazer à luz do dia os tesouros de sua ciência e revelado os segredos de sua sabedoria. A maioria de suas obras não tem acabamento e ficou incompleta, como o livro sobre a alma, o *Regime do solitário*, os escritos sobre a lógica e sobre a física. Quanto a seus escritos acabados, são compêndios e pequenos tratados mal-ajambrados. Ele mesmo o confessa, ao declarar que seu pequeno tratado *Da conjunção* não dá uma ideia clara da tese que aí se propôs a demonstrar senão à custa de muito esforço e cansaço, que o ordenamento da exposição, em certos lugares, não tem um método perfeito e que ele os remanejaria de bom grado se tivesse tempo para isso.

Eis o que aprendi no que concerne à ciência desse homem, pois não o conheci pessoalmente. Quanto a seus contemporâneos, que têm um lugar no mesmo plano que ele, não lhes vi as obras. Aqueles que os seguiram por fim, nossos próprios contemporâneos, estão ainda em pleno desenvolvimento, ou então pararam antes de atingir a perfeição, ou não nos manifestaram seu verdadeiro valor.

Dos livros de Al-Farabi que chegaram até nós, a maioria é concernente à lógica. Aqueles que nos chegaram sobre a filosofia estão cheios de incertezas. Em seu livro *Da boa seita* ele afirma que as almas dos maus permanecem depois da morte em tormentos eternos, ao passo que declara na sua *Política* que elas se dissolvem e retornam ao nada e que só sobrevivem as almas virtuosas e perfeitas. No *Comentário da Ética*, fazendo uma descrição da felicidade humana, ele a localiza unicamente na vida deste mundo. E acrescenta, logo a seguir: "Tudo que se conta fora disso não passa de extravagância e de histórias de velhas". Assim, leva os

O FILÓSOFO AUTODIDATA

homens a perderem a esperança na misericórdia divina, pondo no mesmo plano os bons e os maus, já que, segundo ele, o nada a todos espera.

Equívoco! Passo em falso que não tem perdão! – além das más doutrinas que professa sobre a inspiração profética relacionando-a à faculdade imaginativa e escolhendo contra ela a filosofia – e todas essas outras ideias que é inútil lembrar.

Quanto aos escritos de Aristóteles, Avicena se encarrega de explicar-lhes o conteúdo. Ele segue-lhe a doutrina e pratica seu método filosófico no livro *Da cura*. Declara no início desse livro que, no seu entender, a verdade não se encontra nas doutrinas que aí expõe, que ele se limitou a reproduzir o sistema dos peripatéticos e que aquele que quer a verdade pura deve procurá-la em seu livro *Da filosofia iluminativa*.

Se nos dermos ao trabalho de ler a *Cura* e as obras de Aristóteles, veremos que estão de acordo na maioria das questões, embora o *Livro da cura* contenha certas coisas que não nos chegaram sob o nome de Aristóteles. Mas, se tomarmos todas as proposições dos escritos de Aristóteles e do *Livro da cura* em seu sentido exotérico, sem procurar seu sentido profundo

{39}

e esotérico, Avicena nos adverte, nessa mesma *Cura*, que não se alcançará desse modo a perfeição.

Al-Ghazali, por seu lado, quando se dirige ao grande público, faz associações em tal lugar, desfaz em outro, condena certas opiniões e professa-as mais tarde. Dentre as acusações de impiedade que faz contra os filósofos em sua *Ruína dos filósofos*, ele os condena por negarem a ressurreição dos corpos e por afirmarem que recompensa e castigo concernem exclusivamente às almas. Diz, no entanto, no início de *A balança das ações* que essa opinião é formalmente professada pelos doutores sufis. Por fim, declara em sua *Libertação do erro e exposição dos estados extáticos* que sua própria opinião é semelhante à dos sufis e que só se deteve nela após um longo exame. Há em seus livros muitas contradições desse gênero que podem ser observadas por qualquer um que os leia e examine com cuidado.

Ele pediu desculpas por isso no final de *A balança das ações* dizendo que há três espécies de opinião: uma, que se professa para se conformar à opinião do vulgo; em seguida uma opinião cômoda para responder a qualquer um que interrogue e

O FILÓSOFO AUTODIDATA

peça para ser dirigido; e por fim uma opinião que se guarda para si mesmo e que apenas se mostra a quem compartilhar a mesma convicção. Ele acrescenta: "Se estas palavras só tiverem como efeito fazer-te duvidar daquilo em que acreditas por uma tradição herdada, já seria de bastante proveito; pois, quem não duvida, não examina; quem não examina, não percebe; e, quem não percebe, permanece na cegueira e na confusão".

Em seguida, cita este verso como um provérbio: "Aceita o que vês e abandona o que ouviste dizer. Quando o Sol se levanta, ele te prepara para que dispenses Saturno".

Essa é sua doutrina. A maior parte consiste em enigmas, alusões vagas que podem ser proveitosas para quem as examine primeiramente com o olhar da alma e que, em seguida, as ouça explicar por uma voz interior, ou então a inteligência superior, a quem a menor indicação basta. No livro *Das pedras preciosas*, adverte que compôs livros esotéricos aos quais confiou a verdade puríssima; mas, pelo que sabemos, nenhum deles chegou à Andaluzia. Aí chegaram de fato escritos que alguns pretendem, equivocadamente, ser esses livros esotéricos: o livro *Dos conhecimentos intelectuais*, o da *Insuflação e do coroamento*, e uma coletânea de outras questões. Esses escritos, ainda que neles se encontrem certas indicações, não contêm grandes esclarecimentos diferentes daqueles divulgados nos escritos que destinou ao vulgo. Encontram-se, aliás, no *Fim supremo*, coisas mais profundas que nesses escritos; ora, o autor declara que o *Fim supremo* não é esotérico. Donde resulta necessariamente que esses escritos que nos chegaram também não o são.

Alguns leitores recentes dão ao que ele disse no final de *O nicho* uma interpretação perigosa que os fez cair num precipício de onde não há como sair: falo do ponto em que, após ter enumerado as categorias de homens privados da luz e ter passado aos que chegaram à *Conjunção*, ele diz que estes admitem que esse Ser – objeto da conjunção – é provido de atributos incompatíveis com a unidade pura. Acreditam poder deduzir daí, segundo nosso autor, que o Ser primeiro, verdadeiro e glorioso, admite em sua essência uma certa multiplicidade.

Deus está bem acima do que dele dizem esses homens astutos! Não duvido que Al-Ghazali seja

O FILÓSOFO AUTODIDATA

desses que gozaram a beatitude suprema e que chegaram a essas etapas sublimes da união com Deus, mas seus escritos esotéricos contendo a ciência da revelação extática não chegaram até nós.

Quanto a mim, não pude extrair a verdade à qual cheguei, que é o fim do meu conhecimento, senão estudando com cuidado os ditos de Al-Ghazali e de Avicena, aproximando-os uns dos outros e associando-os às opiniões emitidas em nosso tempo e abraçadas com ardor por pessoas que professam a filosofia, até descobrir primeiro a verdade pela via da investigação especulativa, e em seguida, recentemente, captar dela esse leve sabor pela intuição extática.

Pareceu-me desde então que estava em condições de dizer alguma coisa pela qual me agradeceriam, e decidi que serias o primeiro a quem a exporia, em virtude de tua amizade sólida e afeição sincera. Contudo, se te apresentasse os últimos resultados a que cheguei nessa via sem garantir previamente teus primeiros passos, isso não seria para ti mais útil que um preceito tradicional sumariamente enunciado. Aconteceria o mesmo se me desses tua aprovação em virtude de nossa íntima amizade, e não porque mereço que se acredite em mim.

Mas não me contentarei com esse nível para ti – e só ficarei satisfeito se te elevares mais alto –, pois ele não garante a salvação, e menos ainda o acesso às etapas supremas.

Quero fazer-te entrar nos caminhos em que entrei antes de ti, fazer-te nadar no mar que já atravessei para que chegues aonde eu mesmo cheguei, que vejas o que vi, que constates por ti mesmo tudo o que constatei e que possas dispensar a sujeição do teu conhecimento ao meu.

Isso exige um prazo que não poderia ser breve, lazeres e uma aplicação exclusiva a esse tipo de exercício. Se a isso te decidires sinceramente, se tiveres a firme resolução de pôr ativamente mãos à obra para atingir esse fim, felicitar-te-ás por tua viagem noturna quando a manhã chegar, receberás de Deus o prêmio de teus esforços, terás satisfeito teu Senhor e ele ter-te-á satisfeito. Quanto a mim, responderei ao que esperas. Conduzir-te-ei pelo caminho mais reto, mais livre de acidentes e de obstáculos, mesmo que até o presente só me tenha sido dado perceber uma luz frouxa à guisa de estimulação e de encorajamento a entrar no caminho.

Vou pois contar-te a história de Hayy ibn Yaqzan, de Assal e de Sulaiman, que receberam seus nomes de Avicena.[6] Esta história pode servir de modelo aos que sabem ouvir, e de guia para todo homem que tem um coração ou que presta atenção e que vê.

---

6 Os nomes dos personagens, heróis do romance de Ibn Tufayl, provêm de uma narração de Avicena, intitulada Riçala de Hayy ibn Yaqzan, alegoria bastante abstrata. Ibn Tufayl conservou os nomes dos personagens, mas fez deles uma criação distinta, tanto pela forma romanesca original quanto pelo conteúdo doutrinal (diferença que é impossível desenvolver aqui).

Nascimento de Hayy:
as duas versões

Primeira versão

Contam nossos virtuosos antepassados – que Deus os abençoe! – que, dentre as ilhas da Índia situadas abaixo do Equador, existiria uma em que o homem nasce sem pai nem mãe. Essa ilha usufruiria, segundo eles, da temperatura mais equilibrada e mais perfeita que existe na superfície da Terra por receber a luz da mais alta região do céu.

Essa opinião se opõe, a bem da verdade, a da maioria dos filósofos e dos grandes médicos, segundo os quais a temperatura mais equilibrada nos países habitados é a do quarto clima.[1]

---

[1] Segundo a teoria dos climas elaborada pelos antigos cosmógrafos

Se esta última teoria se funda na crença de que não há país habitado abaixo do Equador por algum impedimento devido à natureza da região, ela aparenta estar correta. Mas se se quis simplesmente afirmar que os países situados abaixo do Equador são excessivamente quentes, como pretende a maioria, é um erro, e pode-se demonstrar o contrário:

As ciências físicas mostram que as únicas causas produtoras de calor são o movimento, o contato dos corpos quentes e a luz. Elas estabelecem também que o Sol não tem calor próprio e que não possui nenhuma das qualidades temperamentais.[2] Mostram, além disso, que os corpos que recebem melhor a ação da luz são os corpos polidos não transparentes, seguidos pelos corpos opacos não polidos, ao passo que os corpos transparentes, desprovidos de toda opaci-

---

e que foi sistematizada pelo geógrafo Al-Idrisi, contemprâneo de Ibn Tufayl. O quarto clima compreendia, sobretudo, a Espanha.

2 *Qualidades temperamentais ou qualidades mistas*: noções tiradas de Aristóteles, através de uma longa tradição do pensamento árabe. Elas proviriam do caráter composto dos corpos sublunares. A temperatura seria uma mistura, numa certa proporção, de quente e frio. O Sol, supostamente de natureza diferente dos corpos sublunares não poderia receber nenhuma espécie de "qualidade".

dade, não a recebem de forma alguma. Isso é tudo o que Avicena demonstra. Essa demonstração é própria dele; seus predecessores não a mencionam.

Se essas premissas forem verdadeiras, daí resulta necessariamente que o Sol não aquece a Terra como os corpos quentes aquecem outros corpos com os quais estão em contato, uma vez que o Sol não é quente em si mesmo. Também não é pelo movimento que a Terra se aquece, uma vez que ela está imóvel e numa mesma posição quando o Sol aparece e quando desaparece, ainda que nossa sensação nos mostre nesses dois momentos estados opostos quanto ao aquecimento e ao esfriamento. Também não é o Sol que primeiro aquece o ar e em seguida a Terra por meio do calor que teria comunicado ao ar: como poderia ser assim, uma vez que, no momento do calor, consideramos as camadas de ar próximas da Terra muito mais quentes que as camadas de ar superiores que dela estão afastadas?

Resta então que o aquecimento da Terra pelo Sol não pode ocorrer por outro meio a não ser o da luz. Pois o calor acompanha sempre a luz, de tal modo que a luz concentrada nos espelhos ardentes inflama um objeto colocado em frente dela. Além disso, está estabelecido nas ciências exatas, por meio de demonstrações decisivas, que o Sol é de forma esférica, que o mesmo acontece com a Terra, que a parte da Terra que é iluminada pelo Sol é sempre mais que a metade e que, dessa metade iluminada da Terra, a parte que recebe a luz mais forte a qualquer momento é o meio, porque é sempre o lugar mais afastado da obscuridade e porque apresenta ao Sol uma superfície maior. As partes mais distantes, em contrapartida, são menos iluminadas e acabam por se encontrar na obscuridade na periferia do círculo que forma a parte iluminada da Terra. Um lugar não está no centro do círculo de luz senão quando o Sol se encontra no zênite: o calor nesse lugar é então o mais forte possível.

Se esse lugar for tal que o Sol se encontre afastado do zênite, faz muito frio. Se for um lugar em que a culminação do Sol permaneça próxima do zênite, o calor é extremo. Ora, demonstra-se em astronomia que, nas regiões da Terra que estão situadas abaixo do Equador, o Sol só se encontra no zênite duas vezes por ano: quando entra no signo de Áries e quando entra no signo de Balança. No resto do ano, o Sol está durante seis meses ao sul e durante seis meses ao norte. Logo, abaixo do Equador não se sente nem calor excessivo nem frio excessivo, e aí se desfruta, em consequência, de um clima sensivelmente uniforme. Essa teoria exigiria uma exposição mais longa do que nosso tema necessita. Somente chamamos tua atenção para ela porque contribui para confirmar a legitimidade da ideia apresentada, a saber, que nessas regiões o homem pode nascer sem pai nem mãe.

Alguns resolvem a questão decidindo que Hayy ibn Yaqzan é um dos homens nascidos nessa região sem pai nem mãe. Mas outros contam esse momento de sua história da seguinte maneira:

Na frente dessa ilha, dizem, encontrava-se uma outra ilha de vastas dimensões, rica e bem povoada. Seu rei era um homem orgulhoso e ciumento. Ele tinha uma irmã, a quem impedia de casar repelindo todos os pretendentes, não encontrando nenhum que fosse aceitável. A irmã tinha um vizinho, chamado Yaqzan; ele a desposou em segredo, segundo um costume permitido por sua religião. Ela ficou grávida e deu à luz um filho. Temendo que seu segredo fosse divulgado, depois de ter amamentado a criança, fechou-a cuidadosamente numa arca e a levou à beira-mar, de noite, acompanhada por servidores e amigos de confiança. Com o coração consumido de amor e medo, disse-lhe adeus exclamando: "Deus, tu que criaste esta 'criança que não era nada',[3] tu que a conservaste nas trevas de minhas entranhas, que cuidaste dela até estar formada e acabada, eu a confio a tua bondade por medo desse rei injusto, orgulhoso e intratável, e conto com tua benevolência para com ela. Ajuda-a e não a abandones, oh! tu, o mais misericordioso dos misericordiosos!". Entregou a criança às ondas. Uma corrente poderosa agarrou-a e levou-a durante a noite até a margem dessa ilha de que falamos.

Nesse momento, a maré chegava a um ponto que só atingia uma vez por ano. A corrente empurrou a arca para o meio de uma mata espessa coberta com um suave tapete, ao abrigo dos ventos e da chuva,

---

3 *Alcorão* 76, 1.

assim como do Sol, cujos raios não podiam penetrar na mata nem ao amanhecer nem ao entardecer. Com o começo do refluxo, a arca ali ficou. Depois, por levas sucessivas, a areia fechou a entrada da mata e a corrente não pôde mais penetrar ali.

No momento em que a corrente havia jogado a arca na mata, os pregos tinham sido sacudidos e as tábuas separadas. Atormentada pela fome, a criança pôs-se a chorar, a dar gritos de apelo e a debater-se. A voz chegou aos ouvidos de uma gazela que acabava de perder o filhote. Ela seguiu essa voz, crendo que era a do filhote, e chegou à arca. Tentou abri-lo com os cascos enquanto a criança empurrava de dentro, de modo que uma tábua da tampa cedeu. Então, comovida de piedade e tomada de afeição pela criança, a gazela ofereceu-lhe a teta e amamentou-a à vontade. Ela voltava sempre para vê-la, criava-a e cuidava de afastar dela todo perigo.

Esse é o começo da história de Hayy para aqueles que se recusam a acreditar na geração espontânea. Em breve contaremos sua educação e os progressos sucessivos pelos quais ele chegou à mais alta perfeição.

Segunda versão

Quanto àqueles que o fazem nascer por geração espontânea, esta é sua versão. Havia nessa ilha um vale contendo uma argila que, sob a ação dos anos, tinha-se posto a fermentar, de sorte que o quente aí se encontrava misturado ao frio e o úmido ao seco em partes iguais cujas forças se equilibravam. Essa argila fermentada formava uma grande massa em que certas partes, misturadas na mais justa proporção, estavam em condições de formar humores seminais. O centro dessa massa era a parte que oferecia o equilíbrio mais exato e a semelhança mais perfeita com o composto humano. Essa argila, em atividade, formava, em razão de sua viscosidade, bolhas semelhantes às que produz a ebulição. Logo fez-se no centro dessa massa de argila uma bolha bem pequena, dividida em dois por uma fina membrana e cheia de um corpo sutil semelhante ao ar, realizando exatamente o equilíbrio conveniente. Então a ela veio ligar-se a alma, que emana de meu Senhor, e se ligou por uma união tão estreita que os sentidos e o entendimento têm dificuldade em

O FILÓSOFO AUTODIDATA

separá-las. Pois é manifesto que essa alma emana sem cessar, abundantemente, do Deus poderoso e grande. Ela se assemelha à luz do Sol que sem cessar é derramada em abundância sobre o mundo.

Existe um corpo que não reflete essa luz: é o ar, inteiramente transparente. Outros corpos a refletem em parte: são os corpos opacos não polidos, e das diversas maneiras pelas quais refletem a luz resulta a diversidade de suas cores. Outros, por fim, a refletem no mais alto grau, são os corpos polidos, como os espelhos ou outros do mesmo gênero; e, se os espelhos apresentarem uma concavidade com um certo formato, a concentração dos raios luminosos produzirá fogo.

Do mesmo modo, a alma que emana de Deus se derrama sem cessar abundantemente sobre todos os seres. Mas há seres que não manifestam sua influência, por falta de disposição, tais como os corpos inorgânicos desprovidos de vida: eles correspondem ao ar no exemplo precedente. Outros seres, as diversas espécies de plantas, manifestam a influência da alma segundo suas disposições: eles correspondem aos corpos opacos. Outros, por fim, mani-

{55}

festam essa influência em alto grau; essas são as diversas espécies de animais que correspondem aos corpos polidos em nosso exemplo. Por fim, alguns desses corpos polidos, além de seu poder eminente de refletir os raios solares, reproduzem a imagem viva do Sol. Do mesmo modo, certos animais, além de sua faculdade eminente de receber a alma e de manifestá-la, refletem-na e adquirem-lhe a forma: esses são os homens, e foi ao homem que o Profeta – que Deus o encha de bênçãos e lhe conceda a salvação! – fez alusão dizendo: "Deus criou Adão à sua imagem". Se suceder, por fim, que essa forma adquira força no homem a ponto de que todas as outras formas se apaguem perante ela e que permaneça sozinha, consumindo tudo aquilo que atinge com seu augusto esplendor, então ela corresponde aos espelhos curvos, que consomem todos os outros corpos.

Isso se produz somente nos profetas – que sejam abençoados por Deus! Tudo isso está claramente exposto nos textos apropriados.

Porém terminemos de ver a versão dos que descrevem esse modo de geração.

Desde que a alma se fixou nesse receptáculo, dizem eles, todas as faculdades lhe foram subordinadas, se inclinaram perante ela e se submeteram a ela em sua totalidade por ordem de Deus. Uma outra bolha se formou então em face desse receptáculo, dividida em três compartimentos separados por finas membranas, mas comunicando-se por meio de aberturas, cheios de um corpo semelhante ao ar como o do primeiro receptáculo e ainda mais sutil, e uma parte das faculdades que se haviam subordinado ao primeiro espírito, ou primeira alma, se alojaram nesses três compartimentos de um mesmo receptáculo. Essas faculdades foram encarregadas de proteger esses compartimentos, de cuidar deles e de fazer chegar as impressões de todas as modificações, pequenas ou grandes, que sobreviessem à primeira alma fixada no primeiro receptáculo.

Formou-se, além disso, em face do primeiro receptáculo e do lado oposto ao segundo, uma terceira bolha cheia de um corpo aéreo, porém mais grosseiro que os dois primeiros, e uma parte das faculdades submetidas aí se alojaram, encarregadas de protegê-lo e de cuidar dele.

Esses receptáculos, o primeiro, o segundo e o terceiro, foram o que se formou logo de início nessa argila em fermentação. Eles precisavam de ajuda recíproca: o primeiro precisava dos outros dois para se fazer servir e obedecer, e estes precisavam do primeiro, como o governado precisa do governante e o dirigido do dirigente. Em relação aos órgãos formados depois deles, todos os três eram governantes e não governados, e um deles, o segundo, era aliás superior ao terceiro do ponto de vista do comando.

Quando a alma se juntou a eles e seu calor se tornou ardente, o primeiro dos três adquiriu a forma do fogo, a figura cônica. O corpo espesso que o cercava adquiriu, modelando-se por sua vez, a mesma figura, e tornou-se uma massa de carne dura por cima da qual se formou um invólucro membranoso protetor. O conjunto desse órgão recebeu o nome de coração. Como o calor tem por efeito decompor e destruir os humores, esse órgão necessitava de alguma coisa para impedir que isso acontecesse, alimentando-o e restituindo-lhe continuamente o que perdia, sem o que não poderia subsistir. Ele também tinha necessidade de perceber o que lhe convinha para consegui-lo e o que lhe era contrário para afastá-lo. Um dos outros dois órgãos se encarregou, por meio das faculdades que sediava e cuja origem provinha do coração, de prover uma dessas necessidades, enquanto o outro órgão se encarregou de prover a outra necessidade. O que se encarregava da percepção era o cérebro e o que se encarregava da conservação era o fígado. Um e outro tinham, aliás, necessidade do coração para lhes fornecer o calor e as faculdades próprias a cada um deles, mas cuja origem estava no coração. Foi para responder a essas diversas necessidades que se formou entre os dois órgãos uma rede de passagens e caminhos, uns mais largos que outros, segundo a necessidade exigia: eram as artérias e as veias.

Os partidários desta versão continuam a descrever a formação do organismo inteiro em todas as suas partes, da mesma maneira que os naturalistas descrevem a formação do feto no útero sem nada omitir até o desenvolvimento completo do organismo e de suas partes, e até o ponto em que o feto está prestes a sair do ventre materno. Eles recorrem a essa grande massa de argila fermentada, prestes a

IBN TUFAYL

constituir tudo que é necessário à formação do organismo humano, os invólucros que cercam o feto inteiro etc. Assim que o feto estava completamente formado, esses invólucros se separaram dele como no parto, e a massa restante da argila se entreabriu sob a ação da seca. Privada então de alimentos e pressionada pela fome, a criança começou a dar gritos de aflição. Em seguida, uma gazela que tinha perdido a cria respondeu ao apelo.

A educação de Hayy
e suas sete etapas

1. A primeira infância e o conhecimento sensível

A partir daqui os partidários da segunda versão juntam-se aos da primeira no que concerne à educação do menino. Eles concordam ao dizer que a gazela que se tinha encarregado dele engordou encontrando pastagens ricas e férteis, de modo que seu leite se tornou abundante e supriu da melhor maneira a alimentação do menininho. Permanecia perto dele e só o deixava quando forçada pela necessidade de pastar. O menino, por seu lado, se habituou tanto à gazela que desatava a chorar quando ela demorava a voltar. Ela acorria. Aliás, não havia nessa ilha ne-

IBN TUFAYL

nhum animal perigoso. O menino cresceu alimentado pelo leite da gazela até a idade de dois anos. Aprendeu a andar e os dentes nasceram. Seguia a gazela, que se mostrava cheia de cuidados e de ternura para com ele. Ela o conduzia a lugares onde se encontravam árvores carregadas de frutos, dando-lhe a comer os caídos da árvore quando estavam doces e maduros. Se tivessem a casca dura, ela as quebrava com os molares. Quando ele desejava mamar, dava-lhe seu leite. Quando ele tinha sede e queria água, levava-o para beber. Quando o sol o incomodava, levava-o para a sombra. Quando tinha frio, ela o aquecia. Quando a noite caía, ela o reconduzia a seu primeiro abrigo, protegendo-o com o corpo e com plumas que ali se encontravam: as que outrora haviam enchido a arca no momento em que a criança tinha sido posta nela. De manhã e à noite, um bando de gazelas tinha o costume de acompanhá-los, indo pastar com eles e voltando para passar a noite no mesmo abrigo. O menino não parou, assim, de viver com as gazelas, reproduzindo seus gritos com a voz, a ponto de ser confundido com elas. Ele reproduzia também, com uma grande exatidão, todos os cantos de pássaros ou os gritos de outros animais que ouvia. Mas reproduzia, sobretudo, os gritos das gazelas que pedem socorro ou que querem se aproximar uma da outra, ou que desejam alguma coisa, ou que procuram evitar um perigo: pois os animais, para essas ocasiões diferentes, têm gritos diferentes. Os animais e ele se conheciam e não se tratavam como estranhos. Com o tempo, passou a se lembrar das coisas mesmo quando elas estavam ausentes; percebeu que umas lhe inspiravam desejo, outras aversão.

Enquanto isso, observava todos os animais que via cobertos de pelos lanosos ou sedosos, ou de plumas. Observava sua rapidez na corrida, sua força, as armas de que se haviam munido para lutar contra o adversário, tais como chifres, presas, cascos, esporões, garras. Voltando a si mesmo, via-se nu e sem armas, lento na corrida, fraco contra os animais que lhe disputavam os frutos, se apropriavam deles em seu detrimento e lhos tiravam sem que pudesse enxotá-los ou escapar-lhes. Em seus companheiros, os filhotes das gazelas, via crescerem chifres que não tinham antes; via-os tornarem-se ágeis, depois de terem sido lentos na corrida. Em si mesmo não constatava nada disso e, por mais que refletisse, não descobria a causa. Considerando os animais disformes ou enfermos, não encontrava nenhum que se parecesse com ele. Mas, considerando também os orifícios reservados às excreções em todos os animais, ele os via protegidos: um – o que serve aos excrementos sólidos – por uma cauda, e o outro – o que serve às excreções líquidas – por pelos ou por alguma coisa do mesmo gênero. Além disso, o órgão urinário deles era mais escondido que o seu. Todas essas constatações lhe eram penosas e o afligiam.

A tristeza que sentiu por causa disso durou muito tempo, e já estava perto dos sete anos quando, sem esperança de ver realizar-se nele as vantagens naturais cuja ausência o fazia sofrer, tomou de grandes folhas de árvores, pondo-as umas atrás, outras à frente, e as prendeu a uma espécie de cinto que fez em volta da cintura com folhas de palmeira e de esparto.

Mas essas folhas não tardaram a murchar, a secar e a cair. Então colheu outras, juntando-as doravante em camadas superpostas. Assim duravam mais, mas nunca por muito tempo. Fabricou bastões com galhos de árvores, que poliu nas extremidades e alisou de uma ponta à outra, e os brandia contra os animais com que tinha de lutar, atacando os fracos e resistindo aos fortes. Em seguida, concebeu uma certa ideia daquilo de que era capaz, e compreendeu que sua mão tinha uma grande superioridade sobre os membros anteriores dos animais, já que, graças a ela, cobrindo suas partes pudendas e fazendo bastões para defender-se, podia dispensar a cauda e as armas naturais.

2. O luto e a exploração; o corpo e a alma

Entretanto crescia e passava da idade de sete anos. Cansou-se de renovar as folhas com que se cobria. Veio-lhe então a ideia de pegar a cauda de um animal morto para pregá-la ao corpo, mas hesitou em fazê-lo, pois tinha visto que os animais vivos evitam e fogem dos cadáveres de seus congêneres. Nessa época, um dia encontrou uma águia morta e pôde realizar seu desejo. Vendo que os animais não se assustavam, aproveitou a ocasião, aproximou-se do pássaro, separou as duas asas e a cauda, inteiras e tais quais, e espalhou as plumas de maneira regu-

Ibn Tufayl

lar. Despojou em seguida o pássaro do resto da pele, dividiu-a em duas partes e as pregou uma nas costas, a outra sobre o umbigo e acima dele. Por fim, suspendeu a cauda atrás de si e as duas asas no alto dos braços. Obteve assim uma vestimenta que o cobria, aquecia e fazia-o temido por todos os animais. Estes não pensaram mais em implicar com ele nem em resistir-lhe, e nenhum mais se aproximou, salvo a gazela que o havia amamentado e criado. Ela não o deixou, e ele também não.

Por fim, ela ficou velha e fraca. Ele a conduziu a pastagens férteis, colheu para ela e a fez comer bons frutos, mas sua fraqueza e magreza aumentaram e por fim morreu: todos os seus movimentos e todas as suas funções pararam. Quando a viu nesse estado, o rapazinho foi presa de violenta emoção e pouco faltou para que sua alma não morresse de dor. Chamava-a com o grito a que ela tinha o costume de responder quando o ouvia soltá-lo, ou então gritando com todas as forças, sem constatar nela nem movimento nem mudança. Examinava-lhe as orelhas e os olhos sem perceber nenhum dano aparente. Examinava-lhe igualmente todos os membros

{66}

sem encontrar nenhum que estivesse prejudicado. Ele desejava ardentemente encontrar o lugar do mal para livrá-la dele, a fim de que pudesse voltar ao seu estado anterior, mas nada disso se produzia e ele era impotente para socorrê-la.

O que lhe inspirava essa ideia era uma observação feita anteriormente sobre si mesmo: havia notado que, se fechasse os dois olhos ou lhes tapasse a visão por meio de um objeto qualquer, não via mais nada até o momento em que o obstáculo desaparecia. Do mesmo modo, se tapasse as orelhas, introduzindo um dedo em cada uma delas, não ouvia mais nada até ter retirado esse impedimento, se tapasse o nariz com a mão, não sentia mais o cheiro enquanto não liberasse as narinas. Concluía daí que todas essas faculdades perceptivas e ativas podiam ser entravadas por certos obstáculos e que voltavam a ser exercidas quando esses obstáculos desapareciam.

Mas, após haver examinado todos os órgãos externos da gazela sem encontrar neles nenhum obstáculo aparente, encontrando-se aliás em presença de uma parada total que não afetava exclusivamente nenhum dos órgãos, pensou que o mal que a havia assaltado devia estar num órgão invisível escondido no interior do corpo, que esse órgão era indispensável a cada um dos órgãos externos para o exercício de sua função, e que, quando era atingido, o mal se generalizava, resultando daí uma parada total.

Ele esperava que esse órgão, caso pudesse descobri-lo e livrá-lo da dificuldade que lhe sobreviera, voltaria a seu estado normal, que sua melhora repercutiria sobre todo o organismo e que as funções voltariam.

Ele havia constatado, precedentemente, nos cadáveres de outros animais que todas as partes do corpo estão cheias e não apresentam cavidades, exceto o crânio, o peito e o ventre. Veio-lhe então ao espírito que o órgão assim caracterizado não podia encontrar-se a não ser num desses três lugares, e se lhe impunha fortemente a convicção de que só podia situar-se entre os dois outros, pois tinha certeza de que todos os órgãos precisam desse, donde resultava necessariamente que devia encontrar-se no centro. Aliás, voltando-se sobre si mesmo, sentia a presença desse órgão em seu peito. Passando em revista todos os seus outros órgãos, como a mão, o pé, a orelha, o nariz, o olho, dos quais podia se conceber separado, concluía daí que podia subsistir sem eles. Pensava até que podia se conceber sem cabeça, e portanto subsistir sem ela. Em contrapartida, não pensava poder subsistir sem a coisa que sentia no peito, nem que fosse durante um piscar de olhos. Por isso evitava, sobretudo em suas lutas contra os animais, receber chifradas no peito, por um sentimento vago da coisa que ele continha.

Assim que decidiu que o órgão lesado só podia estar no peito da gazela, resolveu procurar alcançá-lo e examiná-lo, esperando chegar talvez a encontrar a lesão e fazê-la desaparecer. Depois, temendo que o que ia fazer fosse mais perigoso para a gazela do que o dano primitivamente ocorrido e que seu zelo lhe fosse prejudicial, procurou então lembrar-se se tinha visto algum outro animal cair num estado semelhante e dele sair. Mas, não encontrando nenhum exemplo, perdeu o ânimo de vê-la voltar a seu estado normal se a abandonasse, ao passo que lhe restava alguma esperança caso encontrasse o órgão em questão e o livrasse do mal. Decidiu-se, pois, a abrir-lhe o peito a fim de ver o que nele se encontrava.

Com lascas de pedra dura e lamelas de bambu seco, semelhantes a facas, fez uma incisão entre as costelas, cortou a carne entre elas e acabou por chegar ao invólucro do pulmão interior às costelas. Vendo que era duro, persuadiu-se que tal invólucro só podia pertencer a um órgão do gênero daquele que queria descobrir. Teve a esperança de encontrar o que buscava indo mais longe, e quis abrir esse invólucro, mas era difícil, porque lhe faltavam instrumentos e aqueles de que dispunha eram feitos apenas de pedras e de bambu. Ele os preparou, os afiou e tomou muito cuidado ao abrir o invólucro, até que por fim o conseguiu e se encontrou em presença do pulmão.

Acreditou de início que ali estava o que procurava e o examinou por muito tempo em todos os sentidos procurando o foco do mal, mas no começo só tinha encontrado uma parte lateral do pulmão. Percebeu que esse objeto se desviava para um dos lados; ora, tinha a convicção de que o órgão procurado devia estar no meio do corpo, tanto no sentido da largura quanto no do comprimento. Continuou então as suas buscas no meio do peito e acabou por encontrar o coração. Essa víscera era coberta por um invólucro extremamente duro, preso por ligamentos muito sólidos, e cercada pelo pulmão do lado por onde o menino havia começado a dissecação.

Disse para si mesmo:

> Se esse órgão tiver do outro lado uma parte semelhante à que tem deste lado, ele está realmente no meio e é sem dúvida nenhuma o que eu buscava, sobretudo se considerar a excelência de sua posição, a beleza de sua forma, sua estrutura concentrada, a firmeza de sua carne e seu invólucro protetor que não vejo parecido em nenhum órgão.

Remexeu do outro lado do peito, ali encontrou o invólucro interior às costelas e achou o segundo pulmão, parecido com o que havia encontrado do primeiro lado. Julgou então que esse órgão, o coração, era o que procurava. Dispôs-se a abrir o invólucro e a cortar a membrana, conseguindo-o não sem trabalho e dificuldade, depois de ter feito todos os esforços.

Desnudou o coração e viu que era maciço por todos os lados. Tentou descobrir nele algum dano

{71}

aparente, mas não notou nada. Fechou-o na mão e sentiu que era oco. "Talvez", disse para si mesmo, "o que procuro esteja, no fim das contas, no interior deste órgão, e ainda não o alcancei."

Abriu o coração e nele percebeu duas cavidades, uma à direita e outra à esquerda. A da direita estava cheia de sangue coagulado, e a da esquerda absolutamente vazia. "O que procuro", disse, "só pode estar alojado em um desses dois compartimentos. No da direita não vejo nada senão este sangue coagulado, e não há dúvida de que ele não coagulou antes que o corpo todo tivesse chegado ao estado em que se encontra."

Havia observado, com efeito, que o sangue coagula e se imobiliza assim que escorre para fora do corpo. Prosseguiu:

> Esse não é senão um sangue semelhante a qualquer outro; eu o encontro em todos os órgãos indistintamente. O que procuro não é dessa natureza: deve ser a coisa que tem seu alojamento próprio nessa região do corpo e que penso não poder dispensar nem sequer por um piscar de olhos. É o que me pus a procurar desde o início. Quanto ao sangue que está aqui, quantas vezes, ferido por

animais na luta, perdi uma grande quantidade dele sem sofrer dano e sem ficar privado de nenhuma das minhas funções! Esse é, portanto, um compartimento que não tenho que investigar. Quanto ao da esquerda, vejo-o absolutamente vazio, mas não posso acreditar que seja inútil, pois vi que cada órgão era destinado a uma função especial. Como então esse receptáculo do qual constatei a superioridade seria inútil? Não posso deixar de acreditar que o objeto das minhas buscas aí se encontrava, mas que ele o abandonou, deixando-o vazio; foi então que ocorreu essa parada no organismo, que causou a perda da percepção e do movimento.

O habitante desse alojamento tinha-se mudado antes de ter sofrido qualquer degradação, e o tinha deixado quando ainda estava intacto. Era, portanto, provável que não voltasse mais para lá, agora que estava assim destroçado e escancarado.

O corpo inteiro pareceu-lhe então abjeto e sem valor perto dessa coisa que, segundo sua convicção, lá permanecia por um tempo e o deixava em seguida. Concentrou então seu pensamento nessa única coisa, perguntando-se o que era, como era, o que a havia ligado a esse corpo, aonde tinha ido, por qual saída tinha passado saindo do corpo, ou então que causa

lhe tinha tornado o corpo odioso o bastante a ponto
de se separar dele, no caso de uma partida voluntária.
Alongou-se em reflexões sobre todas essas questões,
esquecendo o corpo e afastando-o do pensamento.
Compreendeu que sua mãe, aquela que lhe tinha
afeição e que o havia amamentado, não era esse corpo
inerte, mas essa coisa desaparecida. Dela emanavam
todos esses atos. Para essa coisa, todo esse corpo era
apenas uma espécie de instrumento comparável aos
bastões que ele mesmo havia preparado para combater os animais. Seu afeto se desviou então do corpo
para recair no senhor e motor do corpo, e unicamente
por ele sentiu amor.

3. A adolescência: o conhecimento dos seres vivos e a técnica

Nesse momento o corpo começou a corromper-se
e a exalar cheiros repugnantes. O distanciamento
que sentia por ele cresceu e desejou não o ver mais.
Ofereceram-se então ao seu olhar dois corvos que lutavam. Um deles acabou por matar o adversário. O
que continuava vivo pôs-se a esgaravatar o solo até

abrir um buraco; aí depôs o pássaro morto e o cobriu de terra. "Como é louvável", disse o menino a si mesmo, "a ação desse corvo enterrando o cadáver do companheiro, mesmo que tenha agido mal matando-o! E eu devo, com mais razão ainda, cumprir esse dever para com minha mãe." Cavou um fosso, depositou nele o cadáver da mãe e o cobriu de terra.[1]

Depois continuou a meditar sobre essa coisa que governava o corpo. Não se dava conta da natureza dela, mas, examinando todos os indivíduos dentre as gazelas, via nelas a mesma forma exterior e o mesmo aspecto que em sua mãe, e não podia impedir-se de pensar que cada uma delas devia ser movida e dirigida por uma coisa semelhante à que havia movido e dirigido o corpo de sua mãe. Frequentava as gazelas e sentia por elas uma grande afeição por causa dessa semelhança.

Assim permaneceu por um longo momento, examinando as diversas espécies de animais e plantas, percorrendo a margem da ilha e procurando

---

1 Passagem inspirada no alcorão 5,31, onde se afirma que Deus remeteu um corvo com a missão de mostrar a Caim o lugar em que deveria sepultar o irmão assassinado

{75}

encontrar um ser semelhante a ele, assim como via para cada indivíduo, animal ou vegetal, um grande número de congêneres; mas não encontrava nenhum. Vendo, por outro lado, que o mar cercava a ilha por todos os lados, acreditava que não existia outra terra no mundo.

Chegou um dia em que o mato pegou fogo por meio da fricção. Isso foi para ele, quando o percebeu, um espetáculo assustador, um fenômeno de natureza desconhecida. Ficou muito tempo na frente do fogo, mudo de espanto, mas não deixou de se aproximar pouco a pouco. Constatou a luz resplandecente do fogo, a ação irresistível pela qual se comunicava a todo objeto a que se ligava e o convertia à sua própria natureza. A admiração que o fogo lhe inspirava, junto com a intrepidez e a força de caráter com que Deus o havia dotado o levaram a estender a mão em sua direção para pegá-lo, mas, quando o tocou, o fogo queimou-lhe a mão e não pôde apanhá-lo. Teve então a ideia de pegar um tição que o fogo não havia atingido inteiramente. Apanhou-o pelo lado intacto enquanto o outro estava incandescente, e conseguiu levá-lo para o lugar que lhe servia de abrigo: uma gruta profunda que lhe tinha agradado como morada. Não cessou de alimentar o fogo com ervas e madeira secas. Ficava junto dele noite e dia, de tanto que o apreciava e admirava, mas era sobretudo à noite que sua companhia lhe agradava, pois substituía a luz e o calor do Sol. Sentia por ele um grande amor e o considerava superior a todas as coisas que o cercavam. Vendo sempre a chama se erguer verticalmente e tender a subir, adquiriu a convicção de que o fogo era do número das substâncias celestes que percebia. Experimentava a ação do fogo sobre todas as coisas jogando-as nele, vendo-o acabar com elas, às vezes depressa, às vezes lentamente, conforme o corpo que lá jogava tinha uma disposição mais ou menos forte a queimar.

Dentre todas as coisas que jogava no fogo para experimentar-lhes a potência, encontravam-se diversos animais marinhos que o mar havia depositado na praia. Quando ficaram assados, o cheiro se propagou e excitou-lhe o apetite. Provou, achou bom e adquiriu assim o hábito de comer carne. Estendeu esse procedimento aos outros animais marinhos e terrestres, tornando-se hábil nisso.

Apegou-se assim ainda mais ao fogo, que lhe oferecia novos alimentos excelentes.

O grande amor que lhe inspiravam esses efeitos maravilhosos e a grandeza dessa potência levaram-no a pensar que essa coisa desaparecida do coração da gazela que o havia criado era de natureza idêntica, ou semelhante. Esse pensamento era confirmado pela constatação de que os animais são quentes enquanto estão vivos e ficam frios depois da morte, sempre, sem exceção. Era confirmado também pelo grande calor que observava em seu próprio peito, no lugar correspondente àquele em que havia feito uma abertura no corpo da gazela. Pensou então que, talvez, se pegasse um animal vivo, lhe abrisse o coração e examinasse a cavidade que havia encontrado vazia ao abri-la na gazela, iria encontrá-la ainda ocupada nesse animal vivo pela coisa que se alojava nela. Isso lhe permitiria verificar se essa coisa era da mesma substância que o fogo, se possuía ou não luz e calor.

Apossou-se de um animal, amarrou-o e abriu-lhe o corpo, como havia feito com a gazela. Tendo chegado ao coração, atirou-se primeiro ao lado esquerdo, abriu-o e viu essa cavidade cheia de um ar vaporoso, semelhante a uma névoa branca. Ao introduzir ali o dedo, encontrou um calor tão intenso que quase o queimou. O animal morreu imediatamente. Ele teve certeza, desde então, de que esse vapor quente era nesse animal o princípio do movimento, que no corpo de qualquer outro animal havia um vapor semelhante e que o animal morria assim que ele o deixava.

Desejou em seguida explorar todos os membros e órgãos dos animais, estudar-lhes a disposição, as posições, o número, o modo de se combinarem uns com os outros, investigar como esse vapor quente lhes é fornecido e lhes dá a todos a vida; como esse vapor se conserva durante todo o tempo em que subsiste, por qual meio se conserva, o que acontece para que seu calor não se perca.

Perseguiu incansavelmente a solução desses problemas praticando vivissecções nos animais e dissecações de cadáveres. Não se cansou de suas investigações e reflexões, até ter obtido em todas essas questões uma ciência igual à dos maiores naturalistas. Soube de modo evidente que cada um dos animais, ainda que múltiplo por seus membros e órgãos, pela variedade de suas sensações e movimentos, é *uno*

{79}

graças a esse espírito que tem por origem um centro único, de onde ele parte para se distribuir por todos os membros ou órgãos, os quais não são para ele senão servidores ou instrumentos. Viu que o papel desse espírito no governo do corpo era comparável ao papel que ele mesmo representava no manejo dos instrumentos, em que uns lhe serviam para combater os animais, outros para se apossar deles, outros para dissecá-los. Entre aqueles de que se servia para a luta, uns eram armas defensivas, outros armas ofensivas. Do mesmo modo, seus instrumentos para se apossar dos animais eram destinados, uns aos animais aquáticos, outros aos animais terrestres. Do mesmo modo, por fim, entre os utensílios que lhe serviam para dissecar, uns eram próprios para cortar, outros para quebrar, outros para perfurar. O corpo humano, único, maneja esses instrumentos de diversas maneiras, segundo o uso que convém a cada um deles e segundo os fins que ele permite atingir. Esse espírito animal é único também.

Quando se serve do instrumento que é o olho, seu ato é a visão. Do instrumento que é o ouvido, seu ato é a audição, do instrumento nariz, o olfato, do instrumento língua, o paladar, da pele e da carne, o tato. Quando se serve de um membro, seu ato é um movimento. Quando se serve do fígado, seu ato é a nutrição e a digestão. Cada uma dessas funções dispõe de órgãos para servi-la, mas nenhuma executa um ato que não provenha do que lhe vem desse espírito através de canais chamados nervos. Quando esses canais são cortados ou obstruídos, cessa a ação do membro ou do órgão que eles servem. Os nervos só recebem o espírito das cavidades do cérebro e este, por sua vez, o recebe do coração. O cérebro contém uma grande quantidade de espíritos animais, porque é uma região do corpo dividida num grande número de compartimentos. Todo membro ou órgão privado desse espírito por uma causa qualquer cessa de funcionar e torna-se uma espécie de instrumento abandonado por seu utilizador. Se esse espírito sair inteiramente do corpo, ou se for destruído ou dissolvido de uma maneira qualquer, todo o corpo fica inerte e cai no estado que é a morte.

Ele tinha chegado ao fim dessas considerações no momento em que terminava o terceiro septênio de sua existência, ou seja, com a idade de vinte e um anos. Durante esse período, sua engenhosidade tinha-se desenvolvido de diversas maneiras. Tinha-se vestido e calçado com as peles dos animais que dissecava, havia utilizado os pêlos como fio, assim como as fibras dos caules da alteia, da malva, do cânhamo e de todas as plantas filamentosas. Essa utilização tinha-lhe sido sugerida por seu uso anterior do esparto. Tinha empregado como agulhas espinhos grossos e caniços afiados com pedras. Fora levado a construir observando as andorinhas: construiu para si uma habitação e uma despensa para o excedente de víveres, guarnecendo-a com uma porta feita de caniços amarrados uns aos outros, a fim de impedir o acesso aos animais enquanto estivesse ausente e ocupado alhures. Para que o ajudassem na caça havia amestrado aves de rapina. Conseguiu aves a fim de dispor dos ovos e dos filhotes. Com a ajuda do fogo e de pedras cortantes, havia moldado alguns tipos de lança, fixando chifres de búfalos selvagens em estacas de carvalho ou utilizando outra madeira em forma de ponta de lança. Com várias peles superpostas tinha feito um escudo. Todos esses expedientes resultavam da constatação de que as armas naturais lhe faltavam, mas que sua mão podia remediar todas essas carências.

Nenhum animal lhe resistia. Pelo contrário, evitavam-no e fugiam dele. Refletiu sobre os meios de remediar tal coisa e não viu nada melhor que domesticar animais rápidos na corrida, prendendo-os a si por meio de uma alimentação que lhes agradasse, de maneira que pudesse montá-los para perseguir assim todas as espécies de animais. Ora, existiam na ilha cavalos e burros selvagens. Capturou os que lhe convinham e os amansou até obter sua meta: pôs-lhes uma espécie de rédeas e de selas feitas de tiras e peles, e pôde então, como esperava, caçar os animais difíceis de capturar. Ele se havia esforçado para fazer tudo isso durante o tempo em que se ocupava dissecando animais, estudando com paixão as particularidades e as diferenças de seus órgãos e membros, quer dizer, durante o período que acabava, como dissemos, aos vinte e um anos.

4. O conhecimento teórico

Dedicou-se em seguida a outras investigações. Examinou todos os corpos que existem no mundo da geração e da corrupção: os animais das diferentes espécies, as plantas, os minerais, as pedras de diversos tipos, a terra, a água, o vapor, o gelo, a neve, o granizo, a fumaça, a chama, a brasa. Constatou neles propriedades numerosas, modos de ação variados, movimentos tanto concordantes quanto opostos. Tendo-os estudado atentamente, viu que têm certos caracteres comuns e outros diferentes; que por seus caracteres comuns são somente um; que por suas diferenças são múltiplos e diversos.

Por vezes considerava nas coisas suas particularidades, aquilo por meio do que cada uma delas se individualiza. Elas lhe apareciam então como uma multiplicidade impossível de abarcar, e o universo se dispersava ao seu pensamento numa disseminação infinita. Sua própria essência lhe parecia múltipla também, uma vez que constatava a diversidade de seus órgãos, cada um distinto dos outros segundo sua função ou sua propriedade particular. Considerando cada um deles, via-o comportando uma subdivisão em partes extremamente numerosas. Concluía então pela multiplicidade de sua própria essência, assim como de todas as coisas.

Outras vezes, colocando-se em outro ponto de vista e tomando um segundo caminho, observava que seus órgãos, ainda que múltiplos, estavam todos unidos uns aos outros sem nenhuma interrupção e formavam um todo único. Eles só diferiam pela diversidade das funções, e essa diversidade era apenas o resultado de alguma faculdade que lhes era comunicada pelo espírito animal, ao qual tinham chegado suas primeiras investigações. Ora, esse espírito era uno em sua essência: ele é que constituía a essência verdadeira, e todos os órgãos eram apenas como se fossem seus instrumentos. Considerada desse ângulo, sua essência lhe aparecia una. Voltando ao conjunto das espécies animais, via que, desse mesmo ponto de vista, cada um dos indivíduos desse conjunto é uno. Em seguida, examinando essas espécies uma por uma, as gazelas, os cavalos, os burros e as diversas espécies de pássaros, via que os indivíduos de cada espécie se parecem por seus órgãos externos ou internos, por suas percepções, movimentos e instintos, e não notava entre eles senão pequenas diferenças em comparação com seus caracteres comuns. Deduzia daí que o espírito que todos os indivíduos

Ibn Tufayl

da mesma espécie tinham é uma única e mesma coisa, só diferindo por sua repartição entre um grande número de corações, e que, se a totalidade do que neles se encontra disseminado pudesse ser juntado e reunido num só continente, tudo isso faria uma única coisa: assim como um único volume de água ou de vinho repartido em um grande número de recipientes, depois juntado, é sempre uma mesma coisa, seja no estado de dispersão, seja no de reunião, pois a multiplicidade não lhe sucedeu senão por acidente, sob um certo ponto de vista.

Assim considerada, a espécie inteira lhe aparecia una, e a multiplicidade dos indivíduos que ela compreende lhe parecia comparável à multiplicidade dos membros de um indivíduo, que não é realmente uma multiplicidade. Evocando em seu pensamento todas as espécies animais e examinando-as, via que têm em comum a sensação, a nutrição, o movimento voluntário em todas as direções, e sabia que, dentre as funções do espírito animal, são essas as que lhe pertencem mais propriamente – enquanto as diferenças pelas quais todas as espécies, ainda que semelhantes pelo caráter precedente, se distin-

{86}

guem umas das outras, não pertencem ao espírito animal de uma maneira rigorosamente própria.

Essas reflexões fizeram-no compreender que o espírito animal, comum a todo o reino animal, é uno na realidade, ainda que apresente, de uma espécie a outra, pequenas diferenças próprias a cada uma. É assim que uma mesma água, repartida entre vários recipientes, pode ser mais ou menos fria, mesmo que seja sempre uma só e mesma coisa. Todas as partes dessa água que estão na mesma temperatura representam o estado particular do espírito animal em todos os animais de uma mesma espécie. Finalmente, assim como toda essa água é uma, também o espírito animal é uno, ainda que a multiplicidade lhe suceda acidentalmente, de um certo ponto de vista. Assim considerado, todo o reino animal lhe aparecia uno.

Passando em seguida às diversas espécies de plantas, viu que em cada espécie vegetal os indivíduos se assemelham por seus ramos, folhas, flores, frutos, funções. Comparando as plantas aos animais, reconheceu nelas uma só e mesma coisa, de que todas participam, que preenche nelas o papel do espírito nos animais, e pela qual são uma. Concluiu então pela unidade de todo o reino vegetal, constatando em todo esse reino estas funções comuns: a nutrição e o crescimento.

Reunindo em seguida, pelo pensamento, reino animal e reino vegetal, viu que a nutrição e o crescimento lhes eram comuns. Mas os animais possuem, além disso, a sensibilidade, a inteligência e a locomoção. Contudo, algo semelhante aparece às vezes nos vegetais, por exemplo, quando suas flores se voltam para o Sol, quando suas raízes crescem na direção em que encontram elementos nutritivos etc. As plantas e os animais lhe apareceram assim como uma só e mesma coisa, que se encontra mais acabada e completa em um dos dois reinos, e no outro entravada por algum obstáculo: como uma mesma água dividida em duas partes, em que uma é congelada e a outra líquida. Reduziu assim à unidade as plantas e os animais.

Considerando em seguida os corpos desprovidos de sensações, incapazes de nutrição e crescimento, tais como as pedras, a terra, a água, o ar, a chama, viu que eram corpos determinados em comprimento, largura e profundidade, apenas com a diferença de que uns são coloridos, outros incolores, uns quentes, outros frios etc. Via os que são quentes tornarem-se frios, e os frios tornarem-se quentes. Via a água transformar-se em vapor e o vapor em água, as coisas que se consomem transformarem-se em brasa, cinza, chama, fumaça e, encontrando em seu movimento ascendente uma abóbada de pedra, a fumaça aí se depositar tornando-se semelhante a certas substâncias terrosas. Desse viés lhe apareceu então que todos os corpos na realidade não constituem senão um, ainda que designados de um outro ponto de vista, o da multiplicidade, e que sua multiplicidade era como a dos animais e das plantas.

Considerando essa coisa que fazia a seus olhos a unidade das plantas e dos animais, viu que era um certo corpo, extenso como os precedentes em comprimento, largura e profundidade, quente ou frio como qualquer um dos corpos desprovidos de sensação e incapazes de nutrição. Ela é diferente deles pelos atos que produz por meio dos órgãos animais ou vegetais, e somente nisso. Mas esses atos talvez não lhe sejam essenciais: talvez lhe sejam deferidos por alguma outra coisa, e, se fossem deferidos também a esses corpos sem vida, esses seriam então da mesma matéria. Considerou assim essa coisa uma nela mesma, independentemente dos atos que, à primeira vista, parecem emanar dela, e viu então que ela nada mais é senão um desses corpos. Todos os corpos lhe apareceram assim como uma só coisa, vivos ou inanimados, movendo-se ou não, com a diferença de que alguns dentre eles pareciam produzir atos por meio de órgãos. Mas ele não sabia se esses atos lhes eram essenciais ou se lhes eram deferidos por uma outra coisa.

Até aqui ele só conhecia corpos, e a totalidade dos seres, assim considerados, parecia-lhe reduzir-se a uma coisa única, ao passo que, do primeiro ponto de vista, ela lhe aparecia como uma multidão numerosa e infinita. Ele permaneceu nesse estado de espírito durante um certo tempo.

Os corpos: substância e atributo

Em seguida examinou cuidadosamente todos esses corpos, vivos ou inanimados, em que via ora uma única coisa, ora uma infinita multiplicidade.

Apercebeu-se de que cada um deles é indefectivel-
mente provido de uma dessas duas tendências: ou
tende para cima, como a fumaça, ou tende para a
direção contrária, para baixo, como a água, os frag-
mentos de terra, de vegetal e de animal.

Nenhum desses corpos pode estar isento de um
ou outro desses dois movimentos, e nenhum está em
repouso, a menos que seja detido por algum obstáculo que o impeça de seguir caminho, como uma
pedra que encontra em sua queda um solo resistente
que não pode atravessar, mas que não deixaria de
seguir seu trajeto se pudesse atravessá-lo. É por isso
que, quando a ergues, sentes que ela te resiste com
toda a força com que tende para baixo e procura
descer. Do mesmo modo, a fumaça, em seu movimento de ascensão, segue sempre seu caminho, a
menos que encontre uma abóbada resistente que a
detenha. Ela se curva então à direita e à esquerda, e,
desde que não seja mais retida pela abóbada, sobe
através do ar porque o ar não pode detê-la.

Ele via assim que, se enchermos de ar um odre
de pele, se o amarrarmos e o mergulharmos em
seguida na água, o ar procura subir e resiste a quem

o mantém debaixo d'água, e isso até que, saindo da água, ele tenha alcançado o lugar natural do ar. Então fica em repouso: a resistência e a tendência ascendente que manifestava antes desaparecem.

Procurou se haveria um corpo desprovido num momento qualquer de um ou outro desses dois movimentos, ou desprovido da tendência a realizá-los, mas não encontrou nada nos corpos que o cercavam. Havia empreendido essa investigação na esperança de encontrar um tal corpo e de captar assim a natureza do corpo em si, desprovido de todas as propriedades auxiliares, que são fonte de multiplicidade.

Cansado de procurar, tendo observado os corpos mais pobres em propriedades sem encontrar nenhum que não fosse provido de alguma maneira de uma dessas duas propriedades que chamamos peso e leveza, perguntou-se se essas últimas pertencem ao corpo em si ou se são propriedades que se acrescentam à "corporeidade", porque, se elas pertencessem ao corpo em si, não se encontraria um único corpo que não possuísse uma ou outra. Pois se constata que o pesado não admite nunca a leveza, nem o leve o peso. Essas são sem dúvida nenhuma duas espécies de corpos, e cada um deles possui um atributo que o singulariza em relação ao outro, acrescentando-se à sua "corporeidade". Esse atributo é o que faz que cada um dos dois não seja o outro; sem ele não seriam senão uma só e a mesma coisa em todos os aspectos.

Ficou evidente para ele que a essência de cada um desses dois corpos, o leve e o pesado, se compõe de dois atributos. O primeiro é o que lhes pertence em comum: o atributo "corporeidade". O segundo é o que distingue a essência de cada um deles da do outro, seja para um o peso, para outro a leveza, unidos de um lado e de outro ao atributo "corporeidade": é o atributo pelo qual um se dirige para cima, o outro para baixo.

Examinou do mesmo modo todos os corpos, inanimados ou vivos, e viu que a essência de uns e outros é composta do atributo "corporeidade" e de alguma outra coisa que se acrescenta a isso, quer essa coisa seja una ou múltipla. Assim, as formas dos corpos lhe apareceram na sua diversidade.

Foi para ele a primeira aparição do mundo espiritual, já que essas formas não podem ser captadas pelos sentidos, mas somente por um certo modo de especulação intelectual. Compreendeu em particular que o espírito animal, alojado no coração – de que se falou antes –, deve necessariamente ter também um atributo acrescentado à sua "corporeidade", que o ponha em condições de realizar esses atos admiráveis: as diferentes espécies de sensações, de operações representativas, de movimentos. Esse atributo particular é sua forma, a diferença específica pela qual se distingue de todos os outros corpos; é o que os filósofos chamam "alma animal". Do mesmo modo, nas plantas, o que está no lugar do calor natural nos animais deve ter também alguma coisa que lhes é própria: é o que os filósofos chamam "alma vegetativa". Da mesma maneira, todos os corpos inanimados – quer dizer, diferentes dos animais e dos vegetais –, no mundo da geração e da corrupção, também têm uma coisa que lhes é própria, graças à qual cada um deles realiza sua função própria, por exemplo, as diversas espécies de movimentos, as diversas espécies de qualidades sensíveis. Essa coisa é a forma de cada um deles: é o que os filósofos chamam uma "natureza".

Matéria, forma e extensão

Tendo assim reconhecido que a essência desse espírito animal, que sempre havia tido sua preferência, é composta do atributo "corporeidade" e de um outro atributo que se lhe acrescenta, e que o atributo "corporeidade" é comum a ele e a todos os outros corpos, ao passo que se singulariza e se isola pelo outro atributo, ele se desinteressou do atributo "corporeidade" e o afastou para se interessar pelo outro atributo, ao qual se dá o nome de "alma".

Querendo ter dela um conhecimento exato, dedicou-lhe sua reflexão. Começou essa investigação pelo exame de todos os corpos, não como corpos, mas como dotados de formas às quais são inerentes certas propriedades, e pelas quais eles se diferenciam uns dos outros.

Prosseguiu esse estudo com minúcia e viu então que todos os corpos de um mesmo grupo têm em comum uma forma de que emanam um ou vários atos. Ele se apercebeu de que, além da divisão dessa primeira e dessa segunda forma, uma outra divisão se estabelecia. Por exemplo, todos os corpos terrosos – como a terra, as pedras, os metais, as plantas, os animais e todos os corpos pesados – formam um só grupo de onde resulta o movimento para baixo enquanto nenhum obstáculo se opõe à sua descida: abandonados a eles mesmos após terem sido movidos para cima por coerção, sua forma os conduz para baixo. Uma parte desse grupo dos corpos pesados – as plantas e os animais – possui essa forma em comum com todo o grupo, mas possui, além disso, uma outra forma, de onde provêm a nutrição e o crescimento.

A nutrição consiste em que o ser que se alimenta substitui os elementos de seu corpo que desapareceram assimilando à sua própria substância uma matéria apropriada. Quanto ao crescimento, é um movimento que se desenvolve nas três dimensões, conservando certas relações de comprimento, largura e profundidade. Essas duas funções, comuns às plantas e aos animais, decorrem sem dúvida nenhuma de uma forma que é comum a todos, aquela que se chama alma vegetativa. Mas uma nova divisão desse grupo – aquela que distingue em particular os animais – possui não somente a primeira e a

O FILÓSOFO AUTODIDATA

segunda formas em comum com o grupo precedente, mas, além disso, uma terceira forma de onde resultam a sensação e a locomoção.

Ele observou também que cada espécie animal possui um caráter específico que a separa das outras espécies e faz dela uma espécie distinta. Compreendeu que esse caráter lhe vem de uma forma que lhe pertence em particular, acrescentando-se à forma que é comum a ela e a todos os outros animais, e que acontece o mesmo com cada uma das espécies vegetais.

Dentre esses corpos percebidos pelos sentidos, que se encontram no mundo da geração e da corrupção, a essência de uns se compõe de numerosos atributos acrescentados ao atributo "corporeidade", e a dos outros se compõe de atributos menos numerosos. Considerando o conhecimento do menos numeroso mais fácil que o do mais numeroso, ele se propôs a estudar primeiro a essência da coisa que compreendesse o menor número de atributos essenciais. Vendo que as essências dos animais e das plantas são sempre compostas de um grande número de atributos, dada a variedade de seus atos, adiou o

{97}

exame das formas desses dois gêneros. Observando também que certas partes da terra são mais simples que outras, ele se propôs a examinar as mais simples. A água lhe pareceu também uma coisa pouco complexa, considerando os poucos atos que derivam de sua forma. O mesmo acontecia com o fogo e com o ar. Ele já havia notado antes que esses quatro corpos se transformam um no outro, tendo em comum uma mesma coisa, que é o atributo "corporeidade" – coisa necessariamente desprovida dos atributos que distinguem esses quatro corpos um do outro –, que essa coisa não poderia ser nem quente nem fria, nem úmida nem seca, porque, como nenhuma dessas qualidades é comum a todos os corpos, nenhuma pode pertencer ao corpo em si. Consequentemente, caso se pudesse encontrar um corpo desprovido de toda forma acrescentada à "corporeidade", ele não deveria possuir nenhuma dessas qualidades e não poderia ter nenhuma qualidade que não fosse comum a todos os corpos, independentemente das formas de que estivessem revestidos.

Procurou então encontrar uma qualidade comum a todos os corpos, vivos e inanimados, e não encontrou nada parecido, exceto aquela comum a todos, a "extensão", desdobrada nas três dimensões que se chamam comprimento, largura e profundidade. Reconheceu que ela pertencia ao corpo em si. Mas seus sentidos não lhe revelavam a existência de nenhum corpo que possuísse apenas este atributo e nenhuma propriedade além da extensão. Perguntou-se então se essa extensão em três dimensões constitui ou não o atributo mesmo do corpo, sem que mais nada se lhe acrescente, mas viu que essa extensão supõe outra coisa: aquilo em que ela existe. Pois a extensão, isolada, não poderia subsistir por si mesma, tanto quanto a coisa extensa não poderia subsistir sem a extensão. Baseou-se em certos corpos perceptíveis pelos sentidos e dotados de formas, como a argila. Se lhe dermos uma figura, por exemplo, a de uma esfera, ela tem um comprimento, uma largura e uma profundidade determinadas. Se modelarmos em seguida essa mesma esfera dando-lhe uma figura cúbica ou ovóide, o comprimento, a largura e a profundidade iniciais mudam, tendo cada uma delas uma nova medida diferente da primeira. A argila, contudo, permanece a mesma, sem mudança, mas, qualquer que seja a medida, ela deve sempre ter comprimento, largura e profundidade, e não pode ser desprovida dessas dimensões. A variabilidade dessas dimensões mostrou-lhe que estas formam um atributo distinto da própria argila, mas a impossibilidade de que a argila seja totalmente desprovida de dimensões mostrou-lhe que elas fazem, contudo, parte de sua essência.

Concluiu dessas considerações que o corpo em si é composto essencialmente de dois elementos, representando um o papel da argila na esfera tomada como exemplo, e o outro o papel das dimensões de comprimento, largura e profundidade de uma esfera, de um cubo ou de qualquer outra figura que possam afetar essa argila. Não se pode conceber um corpo que não seja composto por esses dois elementos, e nenhum dos dois pode existir sem o outro. O que pode mudar, adquirir vários aspectos sucessivos – a extensão –, representa a forma que se encontra em todos os corpos dotados de formas. O que permanece o mesmo – a argila, nesse exemplo – representa a "corporeidade", que se encontra em todos os corpos dotados de formas. E o elemento que nesse exemplo corresponde à argila é o que os filósofos chamam "matéria" ou *hylè*.[2] Ela é totalmente despojada de formas.

A idéia de um autor do universo

Tendo chegado a esse ponto de suas reflexões, como se tinha afastado um tanto dos objetos sensíveis, avançando até os confins do mundo inteligível, foi tomado de apreensão e do desejo de retornar para as coisas do mundo sensível às quais estava acostumado. Voltou assim um pouco para trás e, deixando de lado o corpo em si – coisa que a sensação não percebe e não pode alcançar –, ele se dedicou aos mais simples dos corpos sensíveis que conhecia: os quatro corpos que já havia examinado.

Ocupando-se primeiro da água, observou que, deixada no estado que sua forma pede, ela manifesta um frio sensível e uma tendência a mover-se

---

2 *Hylè*: termo cunhado por Aristóteles designando aproximadamente o que chamamos "matéria". Noção transcrita na filosofia árabe sob o vocábulo *hayula*.

para baixo. Uma vez aquecida pelo fogo ou pelo calor do Sol, o frio a abandona primeiro, mas ela conserva a tendência a descer. Se o aquecimento for considerável, ela perde então a tendência a mover-se para baixo e tende a mover-se para cima, tendo perdido inteiramente os dois atributos que emanavam constantemente de sua forma. Mas, de sua forma, ele não sabia nada, a não ser que essas duas ações emanam dela. Quando as perde, a própria forma desaparece, e a forma aquosa abandona esse corpo desde o momento em que ele manifesta ações cuja natureza é emanar de uma outra forma. Sobrevém nele uma outra forma que não tinha antes, e, graças a essa nova forma, emanam desse corpo ações cuja natureza não é emanar desse corpo enquanto ele possuir a primeira forma.

Ora, ele sabia, em virtude de um princípio necessário, que tudo que é produzido exige um produtor. Assim, delineou-se em sua alma, em linhas gerais e vagas, a ideia de um Autor da forma. Depois, estudando sucessivamente uma por uma as formas que já conhecia, viu que todas são produzidas e devem necessariamente ter uma causa eficiente.

Considerou em seguida as formas essenciais, e pareceu-lhe que não eram nada mais que uma disposição do corpo para que um certo ato emane dele. Por exemplo, a água, tendo sofrido um aquecimento considerável, tem uma disposição, uma aptidão a mover-se para cima, e essa disposição é parte de sua natureza. Pois aí só existe um corpo e uma causa eficiente que produz no corpo qualidades e movimentos percebidos pelos sentidos e antes não existentes. A aptidão do corpo para certos movimentos, e para a exclusão de alguns outros, é sua propensão natural.

Ficou evidente para ele que o mesmo acontecia com todas as formas. Via, pois, claramente que os atos emanados delas não pertencem na realidade a essas formas, mas a uma causa eficiente que produz por meio delas os atos que lhes são atribuídos. Essa ideia que lhe surgiu é aquela expressa por estas palavras do Enviado de Deus – que Deus o encha de bênçãos e lhe conceda a salvação! –: "Eu sou o ouvido pelo qual ele ouve e a vista pela qual ele vê", e, no livro claro e preciso da Revelação: "Não fostes vós que os matastes. Foi Deus quem os matou. Não foste tu, Maomé, que assaltaste quando assaltaste: foi Deus quem assaltou".[3]

Quando a ideia dessa causa eficiente assim lhe apareceu, num esboço sumário e vago, veio-lhe um vivo desejo de conhecê-la distintamente. Mas, como nunca se havia separado do mundo sensível, foi entre os objetos sensíveis que se pôs a procurar esse agente, não sabendo se existia um único ou vários. Passando em revista todos os corpos que encontrava à sua volta e que sempre tinham sido objeto de sua reflexão, viu que todos nascem ou perecem. Os que não via perecer na totalidade, via perecer em parte, tais como a água e a terra, cujas partes via perecer pelo fogo. Via do mesmo modo o ar perecer pela intensidade do frio para tornar-se água e gelo. O mesmo ocorria com todos os corpos que se encontravam à sua volta: não via nenhum que não fosse produzido e que não supusesse um agente. Essa foi a razão pela qual os pôs de lado a fim de voltar sua atenção para os corpos celestes.

---

3 *Alcorão* 8, 17.

Chegou a esse ponto de suas reflexões por volta do fim do quarto septênio de sua existência, quer dizer, com a idade de vinte e oito anos.

5. O mundo celeste

Reconheceu que o céu e todos os astros que ele contém são corpos, pois são extensos segundo as três dimensões: comprimento, largura e profundidade. Nenhum deles está desprovido desse caráter, e tudo o que não está desprovido desse caráter é corpo. Portanto, todos eles são corpos.

Perguntou-se em seguida se sua extensão é infinita, se eles se prolongam sem fim segundo seu comprimento, largura e profundidade, ou se são finitos, contidos entre limites onde se detêm, para além dos quais não pode existir nenhuma extensão.

Esse problema não deixou de embaraçá-lo. Mas rapidamente, graças ao poder de sua inteligência inata, à penetração de seu pensamento, viu que um corpo sem limite é um absurdo, uma impossibilidade, alguma coisa inconcebível. E confirmou essa maneira de ver pelos numerosos argumentos que se lhe apresentavam ao pensamento.

Dizia para si mesmo: "Esse corpo celeste é limitado na direção em que me encontro, do lado em que o percebo. Não poderia duvidar disso, uma vez que o alcanço com a vista. Quanto à direção oposta a esta, a respeito da qual não posso ter dúvida, reconheço igualmente que é impossível que nela ele se estenda ao infinito".

Que eu imagine, com efeito, duas linhas, partindo ambas deste lado limitado e caminhando sem fim na profundidade do corpo, tão longe quanto se estende o próprio corpo. Que eu imagine em seguida que se subtraia de uma dessas duas linhas uma porção considerável do lado em que essa linha é finita, depois que se tome a parte restante dessa linha e que se aplique a extremidade da linha na qual foi feito o corte sobre a extremidade da linha que ficou intacta, fazendo coincidir a linha truncada com aquela da qual nada se subtraiu. Se agora o espírito seguir essas duas linhas na direção em que são supostamente infinitas, veremos que elas se prolongam sempre ao infinito, sem que uma das duas seja mais curta que a outra – e então, aquela da qual se retirou uma parte será igual àquela da qual não se subtraiu nada, o que é absurdo –; ou então ela não se prolongará sempre ao lado da outra, deter-se-á e ficará no meio do caminho, deixando de seguir a outra em seu desenvolvimento: será portanto finita. E caso, então, se lhe acrescente novamente o comprimento cuja subtração, no início, a havia tornado finita, essa linha será totalmente finita. Ela não será nem mais curta – nem mais longa – que a outra linha à qual nada foi subtraído: ela será igual. Ora, já que esta é finita, aquela também o será. E o corpo no qual se podem acompanhar essas linhas é finito. Mas em todo corpo podem-se acompanhar essas linhas. Portanto, se supusermos um corpo infinito, supomos um contrassenso, um absurdo.

Quando, graças à excelência de sua inteligência inata que se havia dado conta de semelhante argumento, adquiriu a certeza de que o corpo celeste é finito, quis saber que figura ele tinha e como é limitado pelas superfícies que formam seus limites. Examinou primeiro o Sol, a Lua e os outros astros. Viu que todos nascem do lado do oriente e se põem do lado do ocidente. Via dentre eles os que passam no zênite descrever um círculo maior, e os que estão distanciados em direção ao norte ou ao sul descrever um círculo menor, os mais distantes descrevendo um círculo menor que os mais próximos, de modo que os menores dos círculos nos quais se movem os astros são dois círculos, um que tem por centro o polo Sul – a saber, o círculo da estrela Sohail[4] –, e o outro que tem por centro o polo Norte – a saber, o círculo das duas Pherkad.[5] Como ele morava abaixo da linha do Equador, dissemos no começo, os planos de todos esses círculos eram perpendiculares ao plano de seu horizonte e dispostos simetricamente do lado sul e do lado norte, e ele via ao mesmo tempo os dois polos.

Ele notava que, quando uma estrela nasce num grande círculo e outra num pequeno, se seu nascer for simultâneo, o pôr-se também o é, e que isso se reproduz em relação a todas as estrelas, em todos os momentos. Concluiu daí que o céu tem uma forma esférica. Ele confirmava essa convicção vendo o Sol, a Lua e todos os astros voltar ao oriente após ter

---

4 *Sohail*: Canopo, astro da concentração austral do navio Argo.
5 *As duas Pherkad*: os dois vitelos, estrelas brilhantes do quadrilátero da Ursa menor.

desaparecido no ocidente, e constatando também que apareciam a seus olhos com o mesmo tamanho ao nascer, no meio do percurso, e ao pôr-se. Ora, se seu movimento não fosse circular, eles se apresentariam a seus olhos, sem dúvida nenhuma, mais próximos num momento que no outro. E, se assim fosse, suas dimensões e seus volumes aparentes variariam: ele os veria, quando estivessem mais próximos, mais volumosos que quando estivessem afastados.

Já que isso não ocorria, a esfericidade do céu estava demonstrada para ele.

Continuou a observar o movimento da Lua e viu que é dirigido do ocidente para o oriente, que acontece o mesmo com os planetas, e conseguiu conhecer uma grande parte da ciência do céu. Descobriu que os movimentos dos astros só podem ser explicados por um certo número de esferas, todas contidas numa só, que é a mais alta, e que faz girar todas as outras do oriente para o ocidente no período de um dia e de uma noite. Seria demorado demais detalhar as descobertas que fez sucessivamente nessa ciência. Tudo isso está exposto em livros, e é suficiente o que relatamos para a finalidade a que nos propomos.

Chegado a esse patamar de ciência, reconheceu que toda a esfera celeste, com tudo o que abrange, é como um corpo único cujas partes formam um todo contínuo; que todos os corpos que havia examinado outrora – a terra, a água, as plantas, os animais e outros do mesmo tipo – nela estão integralmente contidos, que nenhum ser pode estar fora dela; que em seu conjunto ela é inteiramente semelhante a um animal. Os astros brilhantes que nela se encontram correspondem aos sentidos do animal. As diversas esferas que ela contém, ajustadas umas às outras, representam os membros, ou órgãos. Por fim, o que constitui no seio desta esfera o mundo da geração e da corrupção representa o papel que têm no ventre do animal os diversos excrementos e humores, em que animais também se formam com bastante frequência, como no macrocosmo.

Quando compreendeu que tudo é na realidade como um único indivíduo, quando captou suas partes múltiplas em sua unidade, pondo-se num ponto de vista semelhante àquele de onde havia captado em sua unidade os corpos situados no mundo da geração e da corrupção, ele se perguntou

O FILÓSOFO AUTODIDATA

se o mundo em seu conjunto é uma coisa que teria começado a ser depois de não ser, que teria surgido do nada para a existência, ou então uma coisa que nunca teria deixado de existir no passado, não tendo nunca sido precedido pelo nada. Essa questão deixou-o perplexo, nenhuma das duas suposições levando a melhor sobre a outra no seu pensamento.

Quando se apegava à tese da eternidade, muitas objeções o detinham, tiradas da impossibilidade de uma existência ilimitada, semelhantes ao raciocínio pelo qual havia reconhecido a impossibilidade da existência de um corpo sem limites. Via, além disso, que este mundo não está livre de acidentes produzidos, e que não pode ser anterior a eles. Ora, o que não pode ser anterior aos acidentes produzidos é também produzido. Mas, assim como se apegava à tese da criação, outras dificuldades o detinham. Via que só se pode conceber uma produção do mundo, sucedendo à sua não existência, caso se represente um tempo anterior a ele. Ora, o tempo é parte integrante do mundo e é inseparável dele: não se pode, pois, conceber o mundo mais recente que o tempo.

Dizia a si mesmo, além disso: "Se o mundo foi produzido, ele tem necessariamente um produtor. Mas, esse produtor que o produziu, por que o produziu nesse momento e não antes? Será que lhe aconteceu de fora alguma coisa nova? – Porém, mais nada existia senão ele. Ou será que se produziu uma mudança nele mesmo? – Mas, então, o que teria produzido essa mudança?".

Ele não cessou de refletir nessa questão durante vários anos, e os argumentos se opunham em seu espírito sem que uma das duas teses levasse a melhor sobre a outra.

O autor do universo e seus atributos

Cansado dessa investigação, pôs-se então a examinar as consequências que decorrem de cada uma das duas teses, pensando que essas consequências talvez se encontrassem. Viu, com efeito, que, se supusesse o mundo produzido, chegado à existência sucedendo ao nada, daí resultaria necessariamente que ele não pode ter chegado à existência por si mesmo e que teve necessidade de um autor para fazê-lo surgir.

Esse autor não pode ser alcançado por nenhum dos sentidos, pois, se fosse alcançado por um sentido, seria um corpo. Se fosse um corpo, faria parte do mundo, teria sido produzido e teria tido necessidade de um produtor. E, se esse segundo produtor também fosse um corpo, ele teria tido necessidade de um terceiro produtor, esse terceiro de um quarto e assim por diante até o infinito.

O mundo exige, assim, um autor que não seja um corpo. Se não é um corpo, não pode ser alcançado por nenhum sentido, pois os cinco sentidos atingem somente os corpos ou o que é inseparável dos corpos. Se não pode ser sentido, também não pode ser imaginado, pois a imaginação é apenas a evocação das formas das coisas sensíveis depois de seu desaparecimento.

Além disso, se não é um corpo, todas as qualidades dos corpos lhe desagradam. E a primeira qualidade dos corpos é a extensão em comprimento, largura e profundidade. Ele está livre delas, assim como de todas as qualidades corporais que decorrem desse atributo. Por fim, se é o autor do mundo, sem dúvida alguma tem poder sobre ele e o conhece. "Será que

Ele não conhece Ele que criou? Ele é o Sagaz, o Sábio."[6] Se admitisse, aliás, que o mundo é eterno no passado, que sempre foi tal como é e que o nada não o precedeu, resultaria daí necessariamente que seu movimento é eterno, sem começo, uma vez que não foi precedido de um repouso, em seguida ao qual teria começado. Mas todo movimento exige necessariamente um motor. E o motor deve ser uma força disseminada num corpo – quer no corpo dotado de movimento espontâneo, quer num outro corpo exterior ao primeiro – ou uma força que não está disseminada e dispersa num corpo.

Ora, toda força disseminada num corpo, dispersa nele, é dividida pela divisão desse corpo, duplicada pela sua duplicação. Por exemplo, o peso na pedra que ele move para baixo: se a pedra for dividida em duas partes iguais, seu peso é dividido em duas partes iguais. Caso se acrescente à primeira uma segunda pedra semelhante, o peso aumentará de um peso igual a si mesmo. Se for possível que a pedra aumente sempre até o infinito, esse peso au-

---

6 *Alcorão* 67, 14.

mentará ao infinito, e se a pedra se detiver num certo tamanho, o peso também se deterá. Mas está demonstrado que todo corpo é indubitavelmente finito, consequentemente, toda força que reside num corpo é indubitavelmente finita. Se, portanto, encontrarmos uma força capaz de produzir uma ação infinita, essa força não pode residir num corpo.

Ora, nós observamos que a esfera celeste se move sempre com um movimento sem fim e ininterrupto, admitindo que ela é eterna, sem começo. Resulta daí necessariamente que a força que a move não está no corpo que a constitui, nem num corpo exterior a ela. Logo, essa força pertence a uma coisa incorpórea, à qual não pode ser atribuída nenhuma das qualidades corporais.

Mas, no decorrer de suas primeiras meditações sobre o mundo da geração e da corrupção, Hayy já havia reconhecido que a realidade essencial de cada corpo provém unicamente de sua forma, que é a disposição desse corpo para certos movimentos, e que a realidade que provém de sua matéria é uma realidade insignificante, ao ponto de ser negligenciável. Em consequência, a realidade do mundo inteiro não provém senão de sua disposição em receber o impulso desse motor isento de matéria, de qualidades corpóreas, de tudo que é acessível aos sentidos ou à imaginação. E se esse motor é o autor dos diversos movimentos do céu, os quais produz por uma ação invariável, contínua, indefectível, sem dúvida nenhuma tem poder sobre eles e os conhece.[7] Chegou por esta via ao mesmo resultado que pela primeira, sem que sua dúvida sobre a eternidade do mundo ou sobre sua criação se tenha oposto a ela: as duas teses estabeleciam igualmente a existência de um autor incorpóreo, não estando unido a nenhum corpo nem separado de nenhum corpo, não se mantendo nem no interior nem no exterior de nenhum corpo – pois união e separação, interioridade e exterioridade, são apenas determinações dos corpos, e ele está livre delas.

Como a matéria, em qualquer corpo, tem necessidade de forma, uma vez que não subsiste senão pela forma – e não possuiria sem ela nenhuma realidade –, e a forma não tem existência exceto por ação

---

7 Cf. Alcorão 67, 3.

O filósofo autodidata

desse autor, ele compreendeu que todas as coisas que existem têm necessidade desse autor para existir e que nenhuma dentre elas pode subsistir senão por ele. Ele é sua causa e elas são seus efeitos, tenham elas passado à existência, precedidas do nada, ou que não tenham tido começo no tempo. Pois, tanto num caso como no outro, elas são causadas, elas têm necessidade de um autor e dependem dele para existir. Se esse autor não durasse, elas não durariam, se ele não existisse, elas também não existiriam, se ele não fosse eterno, elas não o seriam, ao passo que ele, em sua essência, pode passar sem elas e não participa delas.

E como seria possível que não fosse assim? Está demonstrado, com efeito, que sua força, seu poder, são infinitos, enquanto, em contrapartida, todos os corpos são finitos, limitados, assim como tudo que é inerente a eles ou depende deles de uma maneira qualquer. Em consequência, o mundo inteiro, com tudo o que contém, céus, terra e todo o intervalo, é sua obra, sua criação, e lhe é posterior ontologicamente, mesmo que não o seja cronologicamente. Assim como, se deslocares a mão que segura um corpo, esse corpo necessariamente se move, seguindo o deslocamento de tua mão com um movimento que lhe é ontologicamente posterior, ainda que não o seja cronologicamente, já que os dois movimentos começam ao mesmo tempo, também o mundo inteiro é um efeito e uma criação, fora do tempo, desse autor "que só tem que ordenar quando quer uma coisa, dizendo-lhe 'sê', e ela é".[8]

Tendo reconhecido que todas as coisas existentes são sua obra, examinou-as doravante de um outro ponto de vista para encontrar nelas exemplos do poder de seu autor, para admirar sua maravilhosa habilidade, sua sutil sabedoria e sua ciência profunda. Descobriu nas mínimas coisas que existem, sem falar das maiores, marcas de sabedoria e de uma arte prodigiosa que o deixaram estupefato de admiração. Indubitavelmente, tudo não podia ser senão obra de um autor soberanamente perfeito, e mesmo acima da perfeição, "a quem não escapa o peso de um corpúsculo nos céus ou na terra, nem nada menor ou maior".[9] Examinou atentamente

---

8 *Alcorão* 36, 82

9 *Alcorão* 34, 3.

todas as espécies animais para ver a estrutura que Ele deu a cada uma e o uso dela que ensinou a cada espécie.[10] Pois, se não tivesse ensinado a cada animal a fazer uso dos membros e dos órgãos de que os proveu, visando às diversas vantagens que estão destinados a obter, o animal não tiraria nenhum proveito deles e seriam um fardo para ele. Assim, soube que ele é o generoso dos generosos, o misericordioso dos misericordiosos. E cada vez que via no universo uma marca de beleza, de magnificência, de perfeição, de poder ou de alguma superioridade, reconhecia nela, após reflexão, uma emanação desse autor, um efeito de sua existência e de sua ação.

Compreendeu então que o que esse ser possui em sua essência é maior que tudo isso, mais perfeito, mais acabado, mais belo, mais magnífico, mais durável, sem proporção com todo o resto. Não cessou de buscar todas as formas de perfeição, e compreendeu que todas lhe pertencem, procedem dele, e que ele é mais digno de perfeição que todas as coisas dotadas de perfeição fora dele mesmo.

---

10 Cf. Alcorão 20, 50.

Buscando por outro lado todas as formas de imperfeição, observou que está isento e livre delas. Seria o contrário possível? Será que a imperfeição difere do puro não ser ou daquilo que a ele se liga? E como o não ser teria algum vínculo ou mescla com ele que é o Ser absoluto, o ser cuja existência é necessária por essência, o ser que dá a todo existente a existência que possui, o ser fora do qual não há existência? Com ele que é existência, perfeição, plenitude, beleza, esplendor, poder e ciência, ele que é Ele-mesmo, pois "tudo é perecível salvo sua Face".[11]

6. Da ideia de Deus ao conhecimento reflexivo da essência humana

Ele havia chegado a esse patamar de ciência por volta do quinto septênio de sua vida, isto é, com a idade de trinta e cinco anos. O interesse que sentia agora por esse autor do mundo tinha-se enraizado tão fortemente em seu coração que não lhe sobrava mais tempo para pensar em outra coisa. Negligen-

---

11 *Alcorão* 28, 88.

ciava o estudo e as investigações a que se tinha dedicado sobre os seres do universo. A tal ponto que não podia deixar cair a vista sobre o que quer que fosse sem aí perceber imediatamente marcas de habilidade, sem reportar logo o pensamento ao operário, negligenciando a obra. Tanto que se voltava para ele com ardor, desviando inteiramente o coração do mundo sensível para ligá-lo ao mundo inteligível.

Assim que adquiriu o conhecimento desse ser estável cuja existência não tem causa e que é causa da existência de todas as coisas, quis saber por meio do que havia adquirido esse conhecimento, por meio de qual faculdade percebia esse ser.

Passou em revista todos os seus sentidos: o ouvido, a vista, o olfato, o paladar, o tato, e viu que todos eles não percebem senão corpos, ou o que reside nos corpos.

O ouvido não percebe senão os sons resultantes das ondulações do ar que se produzem quando os corpos se entrechocam. A vista não percebe senão as cores; o olfato, os cheiros; o paladar, os sabores; o tato, as temperaturas, o duro e o mole, o liso e o rugoso. Do mesmo modo, a percepção imaginativa não alcança senão o que tem comprimento, largura e profundidade. Todos esses objetos de percepção são propriedades dos corpos, e os sentidos não podem perceber nada diferente porque são faculdades disseminadas nos corpos, e que se dividem quando os corpos se dividem. Também eles não percebem senão corpos, suscetíveis de divisão. Pois uma tal faculdade, seja sensitiva, seja imaginativa, encontrando-se disseminada numa coisa divisível, está fora de dúvida que quando ela capta um objeto, esse objeto é dividido segundo as divisões da própria faculdade. Consequentemente, toda nova faculdade disseminada num corpo não capta senão corpos ou o que reside nos corpos.

Ora, já estava estabelecido que esse ser necessário é absolutamente isento de qualidades corpóreas. Logo, ele não poderia ser percebido senão por alguma coisa que não fosse nem um corpo, nem uma faculdade disseminada num corpo, nem uma dependência dos corpos a qualquer título: alguma coisa que não fosse nem interior nem exterior aos corpos, nem unida aos corpos, nem separada dos corpos. Era então evidente que ele percebia esse Ser por sua própria essência, e que a ideia desse Ser estava gravada nele. Concluiu daí que sua própria essência, por meio da qual o percebia, era uma coisa incorpórea, à qual não convinha nenhuma das qualidades dos corpos, que toda a parte exterior e corpórea que percebia em seu ser não era sua verdadeira essência, e que sua verdadeira essência não consistia senão nessa coisa por meio da qual percebia o ser necessário.

Assim que soube que sua essência não era essa combinação corpórea que percebia pelos sentidos e da qual sua pele formava o invólucro, só teve desdém absoluto pelo corpo e se pôs a refletir sobre essa nobre essência pela qual percebia esse ser nobre e necessário. Perguntou-se se essa nobre essência podia perecer ou corromper-se e dissolver-se, ou se duraria eternamente.

Ora, ele viu que a corrupção e a dissolução eram apanágio dos corpos, e que consistiam em despojar-se de uma forma para se revestir de uma outra forma, por exemplo, quando a água se transforma em ar e quando o ar se transforma em água, quando as plantas se transformam em terra ou cinza e quando a terra se transforma em planta: tal é a ideia de corrupção. Mas não se pode de modo algum conceber a corrupção do que não é corpo, do que não precisa de corpo para subsistir, do que é completamente estranho à "corporeidade".

Assim que adquiriu a certeza de que sua essência verdadeira não podia corromper-se, quis saber qual seria sua condição quando ela tivesse abandonado o corpo e se tivesse libertado dele. Mas já se tinha convencido de que ela só o abandona quando este não mais lhe convém como instrumento.

Examinou então sucessivamente todas as faculdades perceptivas e viu que cada uma delas é ora percebente em potência, ora percebente em ato. O olho, por exemplo, enquanto está fechado ou quando se desvia do objeto visual, é percebente em potência. Isso significa que ele não percebe nesse momento, mas que pode perceber no futuro. Ao contrário, quando está aberto e voltado para o objeto visual, é percebente em ato. Isso significa que nesse momento ele percebe.

Do mesmo modo, cada uma dessas faculdades pode existir em potência ou em ato. Se uma dessas faculdades nunca percebeu em ato, enquanto permanece em potência não deseja a percepção de seu objeto próprio porque ainda não tem nenhuma noção dele, como é o caso do cego de nascença. Se lhe aconteceu perceber em ato e depois voltar a perceber em potência, enquanto permanece em potência ela deseja a percepção em ato porque conhece doravante esse objeto sensível, se apegou a ele e tem uma inclinação por ele, como é o caso de uma pessoa que ficou cega depois de ter visto, que deseja sem cessar rever os objetos visíveis. Quanto maior for a perfeição, o esplendor, a beleza do objeto perceptível, maior será também o desejo que ele inspira, e mais viva a dor que causa sua perda. Essa é a razão pela qual a dor daquele que perde a vista depois de ter usufruído dela é mais viva que a dor daquele que perde o olfato: pois os objetos percebidos pela vista são mais perfeitos e mais belos que os objetos percebidos pelo olfato. Logo, se, dentre as coisas, encontrarmos uma cuja perfeição seja infinita, cuja beleza e esplendor não tenham limites, que esteja acima da perfeição, da beleza, do esplendor, uma coisa tal que não exista nenhuma perfeição, nenhuma beleza, nenhum esplendor, nenhuma atração que não venha dela, que não emane dela, aquele que perdesse a percepção de uma tal coisa depois de tê-la conhecido, esse, sem dúvida nenhuma, durante todo o tempo em que estivesse privado dela, passaria por sofrimentos infinitos. Do mesmo modo, aquele que a percebesse continuamente sentiria uma volúpia ininterrupta, uma felicidade suprema, um contentamento, uma alegria infinita.

Ora, ele já havia adquirido a certeza de que o Ser necessário possui todos os atributos da perfeição, ao passo que os atributos da imperfeição lhe são estranhos e está isento deles. Tinha certeza também de que se chegava a conhecê-lo por algo que não é semelhante aos corpos e não perece pelo fato de eles perecerem. Tirou daí as conclusões que vão a seguir. Quando aquele que possui uma semelhante essência apta a uma semelhante percepção se separa do corpo pela morte, ele se encontra num destes três casos:

Ou, enquanto se servia do corpo, não adquiriu nenhuma ideia desse ser necessário, nunca se uniu a ele, nunca ouviu falar dele. Nesse caso, quando estiver separado do corpo, não deseja esse ser e não sofre por estar privado dele. Quanto às faculdades

O filósofo autodidata

corpóreas, elas desaparecem todas pelo fato de o corpo desaparecer. Elas não desejam mais, portanto, os objetos requisitados por essas faculdades, deixam de sentir inclinação por eles, não sofrem por estar privadas deles. Essa é a condição de todas as bestas, quer estejam ou não revestidas de forma humana.

Ou, enquanto se servia do corpo, adquiriu a ideia desse ser, conheceu sua perfeição e beleza, mas se afastou dele para seguir suas paixões, e a morte o surpreendeu nesse estado. Nesse caso, está privado da visão intuitiva, mas sente por ela um desejo ardente e permanece num longo tormento, em sofrimentos infinitos, quer deva ser libertado desses males após uma longa provação e recuperar a intuição daquilo que era o objeto do seu desejo, quer deva permanecer em seus tormentos por toda a eternidade, segundo a disposição que tinha para um ou outro desses destinos durante a vida corpórea.

Ou adquiriu a ideia desse ser necessário antes de se separar do corpo, voltou-se inteiramente para ele, aplicando-se a meditar sobre sua glória, sua beleza, esplendor, e não se desviou dele até que a morte o surpreendesse em estado de contemplação e de intuição presente. Nesse caso, separado do corpo, permanece numa volúpia infinita, numa felicidade, numa alegria, num contentamento perpétuo, porque a intuição que tem desse ser necessário é ininterrupta, porque essa intuição é límpida e sem mescla, e ele está livre de todas as coisas sensíveis requeridas por essas faculdades corpóreas: as coisas que, em relação a esse estado, são apenas dores, obstáculos e males.

Compreendeu desde então que sua perfeição essencial e sua felicidade consistiam na visão intuitiva desse ser necessário, visão perpétua, sempre em ato e ininterrupta, nem que fosse por um piscar de olhos, a fim de que, se a morte o surpreendesse em estado de intuição atual, sua felicidade continuasse sem mescla de dor.

Perguntou-se então como poderia chegar à continuidade dessa visão em ato, de modo que nunca lhe acontecesse desviar-se dela. Por um momento unia o pensamento a esse ser, mas logo algum objeto sensível vinha se lhe oferecer à vista, o grito de um animal atingia-lhe o ouvido, uma imagem se lhe apresentava ao espírito. Ou então tinha dor num membro, sentia fome, sede ou frio, ou calor, ou tinha necessidade de levantar-se para evacuar os excrementos. Perturbado então em sua meditação e saído do estado em que se encontrava, só com grande esforço conseguia voltar a esse estado de intuição e temia ver a morte se abater sobre ele de repente enquanto estivesse em estado de distração, e cair assim na infelicidade eterna, na dor da separação.

Essa situação era-lhe penosa, e não podia encontrar remédio para ela. Pôs-se a passar em revista todas as espécies de animais, observando-lhes as ações e as ocupações, na esperança de descobrir em alguns deles a noção desse ser e um esforço em sua direção, e aprender com eles alguma coisa que seria a causa de sua salvação. Mas viu-os todos ocupados somente com a alimentação, em satisfazer o desejo de comer, beber, seu apetite sexual, em procurar sombra e calor, e absorvidos noite e dia por esses cuidados até o momento da morte, até o fim da existência. Não via nenhum se afastando desse programa, nem se entregando nunca a uma outra ocupação.

Concluiu daí que eles não conhecem esse ser, que não têm nenhum desejo dele, nenhuma preocupação em conhecê-lo e que eles tendem todos ao nada ou a um estado semelhante ao nada.

Compreendeu que esse juízo a respeito dos animais se aplicava ainda com maior razão às plantas, uma vez que as plantas têm apenas parte das percepções que têm os animais. Se o mais bem-dotado de percepção não alcança esse conhecimento, o que é menos dotado é ainda menos capaz de alcançá-lo. Via, aliás, todas as ações das plantas se limitando à nutrição e à reprodução.

Considerou em seguida os astros e as esferas: todos tinham movimentos regulares, realizavam seu percurso segundo certas leis, eram transparentes ou brilhantes, inacessíveis à mudança e à corrupção. Pareceu-lhe muito provável que, para além de seus corpos, as essências desses seres conhecessem esse ser necessário, e que essas essências inteligentes não são corpos, nem estão impressas em corpos.

Como não teriam esses seres tais essências estranhas ao corpo, se ele, tão fraco e necessitado das coisas sensíveis, tinha uma?

É certo que ele fazia parte dos corpos corruptíveis; contudo, apesar de sua imperfeição, nem por isso deixava de ter uma essência incorruptível e estranha aos corpos. Concluiu daí que os corpos celestes, com maior razão, estão no mesmo caso: que eles conhecem esse ser necessário e dele têm permanentemente uma intuição atual, já que nada de comparável aos obstáculos que vinham interromper a continuidade de sua própria intuição, provenientes da intervenção dos objetos sensíveis, se encontrava nos corpos celestes.

Particularidade da natureza humana

Foi então que se perguntou por que só ele dentre todas as espécies animais tinha o privilégio dessa essência que o tornava semelhante aos corpos celestes.

Tinha-se assegurado precedentemente, a propósito dos quatro elementos e de sua capacidade de se transformarem uns nos outros, que nada de tudo o que existe na superfície da Terra conserva sua forma, geração e corrupção, aí se sucedendo num ciclo sem fim. A maior parte desses corpos é mesclada, composta de contrários: essa é a razão pela qual tendem à corrupção. Não se encontra nenhum que seja puro, e os que se aproximam da pureza, da ausência de mescla e da adulteração, tais como o ouro ou o jacinto,[12] estão muito pouco sujeitos à corrupção. Os corpos celestes, sendo simples e puros, não poderiam de fato estar sujeitos à corrupção, e não mudam de forma.

Ele também tinha certeza de que, dentre todos os corpos que estão no mundo da geração e da corrupção, a essência de alguns se compõe de uma única forma acrescentada ao conceito de "corporeidade": são os quatro elementos.[13] Ao passo que existem outros cuja essência se compõe de várias formas, tais como as plantas e os animais.

Ora, uma coisa cuja essência é composta de um menor número de formas possui atos menos numerosos, está mais afastada da vida; e, se estiver completamente desprovida de forma, não tem nenhum acesso à vida, está num estado semelhante ao nada.

---

12 Jacinto: pedra preciosa amarela puxando para o vermelho, em joalheria: variedade de topázio, de granada, ou de quartzo de uma cor amarela com mel.

13 Terra, ar, fogo e água, os quatro elementos identificados por Aristóteles.

Aquelas cuja essência se compõe de formas mais numerosas possuem atos mais numerosos e têm mais condições de aceder à vida. E se essa forma for tal que não possa por nenhum meio ser separada da matéria à qual está exclusivamente destinada, então a vida é, no mais alto grau, manifesta, durável e intensa. A coisa completamente desprovida de forma é a *hylè*,[14] a matéria. Ela não tem nenhuma vida, ela é semelhante ao nada.

O que é constituído por uma única forma são os quatro elementos, que estão no mais baixo patamar da existência no mundo da geração e da corrupção. É deles que são compostas as coisas dotadas de várias formas. Mas esses elementos têm uma vida extremamente fraca, pois não se movem senão com um único movimento. E se a vida deles é fraca, é porque cada um tem um contrário manifestamente oposto, que contraria sua tendência natural e se esforça para lhe retirar a forma; essa é a razão pela qual falta estabilidade à sua existência e sua vida é fraca.

---

14 Ver nota 2, p.101.

A vida das plantas tem mais força que a dos elementos, e a dos animais é ainda mais manifesta. Eis a razão para isso: quando, num desses compostos, a natureza de um dos elementos domina, este, em virtude de sua força no composto, leva a melhor sobre a natureza dos outros elementos e neutraliza a força deles. Em seguida, o composto, recebendo o caráter do elemento dominante, é fraco e só está apto a uma vida rudimentar, tal como o próprio elemento. Quando, num desses compostos, ao contrário, não domina a natureza de nenhum dos elementos, então os elementos entram num equilíbrio perfeito, nenhum deles neutraliza a força de outro mais do que a sua própria força é neutralizada por ele, e as ações que exercem uns sobre os outros são equivalentes. Nesse composto, nenhum elemento manifesta sua força em um grau superior, nenhum domina, e, longe de se assemelhar a um dos elementos, é como se nada estivesse em conflito com sua forma, estando esse composto, então, apto à vida. Quanto maior for esse equilíbrio, e quanto mais perfeito, afastado do desequilíbrio, tanto mais o composto for sem contrário, tanto mais sua vida é perfeita.

Ora, como o espírito animal, que tem por sede o coração, realiza um alto grau de equilíbrio – pois é mais sutil que a terra e a água, mais espesso que o fogo e o ar –, ele ocupa o meio mesmo, nenhum dos elementos se opõe a ele com uma oposição manifesta, o que o dispõe consequentemente à forma animal.

Compreendeu que dessas premissas resultavam necessariamente as seguintes consequências:

O mais bem equilibrado desses espíritos animais está apto à vida mais perfeita que existe no mundo da geração e da corrupção. Pode-se quase dizer desse espírito que sua forma não tem contrário, e que ele se assemelha, consequentemente, aos corpos celestes cujas formas não têm contrário. Além disso, o espírito de um tal animal, sendo verdadeiramente intermediário entre os elementos, não se move de maneira absoluta nem para cima nem para baixo. E, se ele pudesse ser colocado no meio da distância que existe entre o centro da Terra e o mais alto limite que o fogo alcança, aí ficaria imóvel sem sofrer corrupção, sem procurar subir nem descer. Se ele se movesse deslocando-se, seria para girar ao redor de um centro, como fazem os corpos celestes;

se ele se movesse no lugar, seria girando sobre si mesmo, e seria de forma esférica, nenhuma outra sendo possível. Tem, pois, uma estreita semelhança com os corpos celestes.

Como tinha examinado as maneiras de ser dos animais sem nada perceber neles que o fizesse supor que tivessem alguma noção do ser necessário, ao passo que sabia que sua própria essência possuía essa ideia, decidiu então que ele era o animal dotado de uma alma perfeitamente equilibrada, o animal semelhante aos corpos celestes.

Compreendeu que constituía uma espécie diferente das outras espécies animais, que fora criado para um outro fim e destinado a alguma coisa de grande, ao que não estava destinada nenhuma outra espécie animal. Era uma marca suficiente de sua nobreza que a mais vil das duas partes de que era composto – a parte corpórea – fosse de todas as coisas a mais semelhante às substâncias celestes, exteriores ao mundo da geração e da corrupção, isentas dos acidentes de imperfeição, transformação e mudança. Quanto à mais nobre das suas duas partes, era a coisa pela qual conhecia o ser necessário, e essa coisa inteligente era uma coisa soberana, divina, imutável, inacessível à corrupção, estranha a todas as determinações dos corpos, inacessível aos sentidos ou à imaginação, incognoscível por qualquer instrumento de conhecimento que não ela mesma, mas cognoscível a ela mesma, coisa que é ao mesmo tempo o inteligente, o inteligível e a inteligência, o cognoscente, o cognoscível e o conhecimento, sem apresentar com isso nenhuma pluralidade, pois pluralidade e separação são atributos dos corpos e do que os acompanha, ao passo que não há nessa coisa nem corpo nem atributo de um corpo, nem nada que a acompanhe.

7. A ação, a ascese e a união

Quando compreendeu no que, só ele entre todas as espécies animais, se assemelhava aos corpos celestes, viu que devia obrigar-se a tomá-los como modelos, a imitar-lhes as ações e a fazer todos os esforços para se tornar semelhante a eles.

Viu também que, pela parte mais nobre de si mesmo, que lhe dava o conhecimento do Ser necessário, tinha alguma semelhança com esse Ser, na medida em que essa parte estava isenta dos atributos corpóreos, como o Ser necessário está isento deles. Logo, também tinha por obrigação trabalhar para adquirir ele mesmo suas qualidades, de todos os pontos de vista possíveis, adquirir seu caráter, imitar seus atos, aplicar-se com zelo à realização de sua vontade, abandonar-se a ele, aquiescer de todo coração a todos os seus decretos, exterior e interiormente, a ponto de se regozijar com eles, ainda que fossem para o corpo uma causa de dor, de dano e mesmo de destruição total.

Compreendeu também que se assemelhava, por outro lado, a todas as espécies animais pela parte mais vil de si mesmo, que pertencia ao mundo da geração e da corrupção, isto é, o corpo tenebroso e grosseiro, que pedia a este mundo diversas coisas sensíveis: alimento, bebida, união sexual. Compreendeu também que esse corpo não lhe havia sido dado em vão e que não havia sido unido a ele sem utilidade, que era obrigado a ocupar-se dele e a conservá-lo, mas que só podia livrar-se dessa preocupação por meio de ações semelhantes às de todos os animais.

Logo, os atos aos quais era obrigado apresentavam-se como tendo um triplo objeto. Eram:

ou atos pelos quais se assemelharia aos animais desprovidos de razão;

ou então atos pelos quais se assemelharia aos corpos celestes;

ou ainda atos pelos quais se assemelharia ao ser necessário.

A primeira assemelhação se lhe impunha na medida em que tinha um corpo tenebroso, munido de membros distintos, de faculdades diversas, e animado de apetites variados; a segunda assemelhação, na medida em que possuía o espírito animal alojado no coração, princípio do corpo inteiro e das faculdades que nele residem. A terceira assemelhação se lhe impunha na medida em que era ele mesmo, quer dizer, a essência pela qual conhecia esse ser necessário. E já sabia que sua felicidade e sua libertação da infelicidade eterna residiam na contínua intuição desse ser necessário, e exigiam que não mais se desviasse dele, nem mesmo por um piscar de olhos.

Perguntou-se em seguida de que maneira poderia obter essa continuidade, e suas reflexões levaram-no a concluir que devia trabalhar nessas três espécies de assemelhações.

A primeira de nada lhe serviria para adquirir essa intuição; só poderia desviá-lo e pôr obstáculos, uma vez que não se aplica senão às coisas sensíveis, e que todas as coisas sensíveis são um véu que intercepta essa intuição. Mas essa assemelhação é indispensável à conservação desse espírito animal, pelo qual se realiza a segunda assemelhação, a assemelhação aos corpos celestes; e por isso ela é necessária, ainda que não esteja isenta do inconveniente assinalado. Quanto à segunda assemelhação, ela poderia conseguir-lhe uma grande parte da intuição contínua. Mas não é uma intuição sem mescla, pois aquele que tem essa espécie de intuição tem consciência, ao mesmo tempo, de sua própria essência, e tem um olhar em sua direção, como se mostrará mais adiante. A terceira assemelhação, por fim, fornece a intuição pura, a absorção absoluta, que exclui todo olhar para um objeto que não seja o ser necessário. Para aquele que tem essa intuição, sua própria essência não está mais presente nele, ela desapareceu, se dissipou, assim como todas as outras essências, numerosas ou não, salvo a essência do Único, verdadeiro, necessário, grande, altíssimo e onipotente.

A primeira assemelhação

Quando compreendeu que seu fim supremo era essa terceira assemelhação, mas que não poderia chegar a ela senão à custa de exercícios, depois de ter-se aplicado durante muito tempo à segunda assemelhação, e que entretanto não poderia subsistir senão graças à primeira assemelhação – a qual, ainda que necessária, nem por isso deixava de ser um obstáculo por essência, ele o sabia, mesmo que fosse um auxílio por acidente –, impôs-se não se entregar a essa primeira assemelhação senão na medida do necessário, quer dizer, na medida estritamente suficiente para que o espírito animal pudesse subsistir.

Achou que, para fazer subsistir esse espírito, duas coisas são necessariamente exigidas. Primeiro, conservá-lo interiormente e reparar-lhe as perdas pela alimentação. Em seguida, preservá-lo exteriormente e afastar dele todas as causas de dano, tais como frio, calor, chuva, ardor do sol, animais perigosos etc. Se usasse inconsideradamente aquilo que era necessário dentre essas coisas, e segundo o acaso das circunstâncias, arriscar-se-ia a cair no excesso, a pegar mais do que a quantidade suficiente e, por falta de reflexão, a agir assim em seu próprio detrimento. Julgou então necessário fixar para si mesmo limites a não serem transpostos, medidas a não serem ultrapassadas. Compreendeu que essa delimitação devia dizer respeito ao gênero de coisas que consumiria, quer dizer, que ele devia determinar quais seriam essas coisas, sua quantidade e os intervalos de tempo a observar.

Considerando primeiro os gêneros de coisas de que se alimentaria, viu que havia três:

– as plantas que ainda não acabaram de crescer e que não efetuaram sua evolução completa: as diferentes espécies de legumes verdes comestíveis;

– as frutas das plantas completamente evoluídas, que semearam seus grãos para que nasçam outras plantas da mesma espécie: a saber, os diversos tipos de frutas frescas ou secas;

– por fim, os animais comestíveis, terrestres ou marinhos.

O filósofo autodidata

Já sabia que todos esses gêneros de seres são obra desse Ser necessário, em cuja aproximação e imitação havia compreendido que residia sua felicidade.

Sem dúvida nenhuma, o fato de se alimentar deles era de natureza que os impedia de atingir a perfeição, pondo obstáculos ao fim a que estão destinados; isso significava opor-se à ação do Agente, e essa oposição ia de encontro ao seu fim, que era aproximar-se dele e tornar-se semelhante a ele. Compreendeu então que o melhor seria abster-se, se possível, de toda alimentação. Mas isso era impossível, pois uma tal abstinência levaria à destruição do corpo, oposição mais grave que a primeira contra seu autor, uma vez que ele mesmo era mais nobre que essas outras coisas cuja destruição era a condição de sua própria conservação. Resignou-se, portanto, ao menor dos dois males, permitiu-se a menos grave das duas oposições. Decidiu que, desses diversos gêneros de seres, se alguns viessem a faltar, deveria pegar os que estivessem à mão à medida que julgasse conveniente. Quando esses seres se encontrassem todos a seu alcance, ser-lhe-ia então necessário usar de circunspeção e escolher aqueles cuja supressão constituísse a menor oposição à obra do Agente. Por exemplo, a polpa das frutas cujo amadurecimento é completo e que contêm sementes próprias à reprodução, com a condição de ter o cuidado de não comer essas sementes, de não as destruir nem jogar num lugar impróprio à vegetação, tal como rochedos ou num terreno demasiado rico em sal. Se não pudesse encontrar esses frutos providos de polpa comestível, como maçãs, peras, ameixas etc., então poderia pegar frutas de que só as sementes são comestíveis, como as nozes e as castanhas, ou hortaliças e legumes que ainda não atingiram seu pleno desenvolvimento, com a condição de escolher dentre essas espécies de vegetais as que fossem mais numerosas e mais capazes de reprodução, de não lhes arrancar as raízes nem destruir todas as suas sementes. Se esses vegetais faltassem, então poderia pegar animais, ou seus ovos, com a condição de escolher, dentre os animais, os mais numerosos e de não destruir radicalmente uma espécie. Essas foram as regras que acreditou dever impor a si mesmo relativamente ao gênero das coisas de que se alimentaria.

Em relação à quantidade, julgou que deveria ser apenas a suficiente para apaziguar-lhe a fome, e nada mais. Em relação aos intervalos de tempo a observar, julgou que, assim que tivesse se alimentado suficientemente, deveria parar e não se pôr à procura de outra coisa enquanto não sentisse uma fraqueza a entravá-lo num dos atos que lhe impunha a segunda assemelhação, de que se falará a seguir. Quanto às coisas necessárias para conservar o espírito animal protegendo-o exteriormente, não se preocupava, uma vez que estava vestido com peles e tinha uma morada que o abrigava dos acidentes vindos de fora; isso lhe bastava, e não julgou oportuno ocupar-se desse problema. Observou assim, no que se refere à alimentação, as regras que se havia prescrito e que acabamos de expor.

A segunda assemelhação

Dedicou-se em seguida à segunda espécie de atos, quer dizer, à assemelhação aos corpos celestes, à sua imitação e à aquisição de suas qualidades. Estudou-lhes os atributos, os caracteres, que se reduziam a três gêneros.

O primeiro compreendia os caracteres que apresentam em relação às coisas que ficam abaixo deles no mundo da geração e da corrupção, a saber, o calor que lhes comunicam por essência e o frio que lhes comunicam por acidente, a luz, a rarefação e a condensação, numa palavra, todas as modificações que produzem nas coisas e graças às quais elas se tornam aptas a receber o influxo das formas espirituais que sobre elas distribui o Agente dotado de uma existência necessária.

O segundo gênero compreendia os caracteres que lhes pertencem por essência, tais como a transparência, o brilho, a pureza, a ausência do que quer que seja de apagado ou de maculado, o movimento circular ao redor do próprio centro para alguns deles e, para outros, ao redor do centro de um outro.

O terceiro gênero compreendia os caracteres que lhes pertencem em relação ao ser necessário, como o fato de ter dele a intuição perpétua, de não se desviar dele, de estar enamorado dele, de se conduzir segundo seu decreto, de se submeter à realização de seus desígnios, de não se mover senão por sua vontade e sob o efeito de seu poder. Ele pôs-se então

O FILÓSOFO AUTODIDATA

a fazer todos os esforços para se tornar semelhante a eles nesses três gêneros de caracteres.

Em relação ao primeiro gênero, tornava-se semelhante a eles impondo-se não ver um animal ou uma planta sentir uma necessidade, um mal, um dano, um obstáculo de que pudesse libertá-lo sem efetuar essa libertação. Quando seu olhar caía sobre uma planta à qual um objeto tapava o sol, ou à qual se prendia uma outra planta que a prejudicava, ou que estava a ponto de morrer de sede, ele afastava o obstáculo tanto quanto possível, retirava a planta prejudicial tomando cuidado para não danificar nenhuma delas, voltava para regar a planta tão frequentemente quanto possível. Quando notava um animal acuado de perto por uma ave de rapina, preso numa armadilha ou sofrendo por causa de um espinho, ou com os olhos ou as orelhas machucados por algum objeto danoso, ou atormentado pela sede ou pela fome, aplicava-se zelosamente a libertá-lo, dava-lhe de comer ou de beber. Quando via um obstáculo – uma pedra atravessada ou uma barragem de aluviões trazidos pela corrente – deter o curso da água que corre para ir dar de beber às plantas ou aos animais, afas-

{147}

tava esse obstáculo. Não cessou de trabalhar assiduamente nesse primeiro gênero de assemelhação aos corpos celestes, até atingir nisso a perfeição.

No que se refere ao segundo gênero, ele se tornava semelhante aos corpos celestes impondo-se uma contínua limpeza, livrando o corpo de toda sujeira, de toda mácula, lavando-se frequentemente com água, limpando as unhas, os dentes, as partes ocultas do corpo, perfumando-as tanto quanto possível com ervas aromáticas e com diversos tipos de cosméticos odoríferos, limpando e perfumando com frequência as roupas, de tal modo que todo ele resplandecia de beleza, de elegância, de limpeza e de um aroma agradável. Entregava-se, além disso, a diversos gêneros de movimentos circulares: ora dava a volta à ilha pela costa e percorria as diversas regiões, ora dava a volta à moradia, ou então descrevia em redor de certos rochedos um certo número de círculos, com um passo regular ou um passo acelerado, ora girava sobre si mesmo até sentir vertigens.[15]

---

15 Da mesma forma que, pela purificação do corpo, procurava adquirir os atributos dos corpos celestes, assim também o protagonista tenta descrever seus movimentos.

Quanto ao terceiro gênero, ele se tornava semelhante aos corpos celestes fixando o pensamento nesse ser necessário e rompendo todo vínculo com as coisas sensíveis, fechando os olhos, tapando as orelhas, lutando com todas as forças contra o arrebatamento da imaginação, fazendo supremos esforços para considerar unicamente esse ser e não lhe associar nenhum objeto em seu pensamento. Recorria para isso ao movimento de rotação sobre si mesmo, que não parava de acelerar.[16] Quando seu movimento circular atingia uma grande rapidez, os objetos sensíveis desapareciam, a imaginação se enfraquecia, assim como as outras faculdades que precisam de instrumentos corporais, enquanto se fortificava a ação de sua essência, independente do corpo, de tal modo que por momentos seu pensamento se tornava sem mescla e lhe dava a intuição do ser necessário.

Mas logo as faculdades corpóreas, voltando à carga, faziam desaparecer esse estado e, reconduzido

---

16 Alusão aos movimentos de dança praticados por certas seitas místicas muçulmanas do Oriente: sufis e "derviches rodopiantes" (cf. nota 5 do "preâmbulo", p.34).

{149}

por elas ao mais baixo patamar, ele voltava ao estado precedente. Se fosse invadido por uma fraqueza que o entravasse na perseguição de seu fim, comia alguma coisa conformando-se às regras precedentemente enunciadas, em seguida voltava a seu trabalho de assemelhação aos corpos celestes segundo os três gêneros enumerados antes, e nisso se aplicava por um certo tempo. Ele fazia esforços contra suas faculdades corpóreas, elas faziam esforços contra ele, ele lutava contra elas, elas lutavam contra ele. E nos momentos em que as vencia, em que seu pensamento era sem mescla, tinha um vislumbre dos estados próprios àqueles que chegaram à terceira assemelhação.

Depois ele se pôs a perseguir essa terceira assemelhação e a fazer esforços para atingi-la.

A terceira assemelhação

Considerou então os atributos do Ser necessário. No curso de suas reflexões teóricas, e antes de abordar a prática, tinha ficado claro para ele que esses atributos são de dois tipos: atributos positivos, tais como a ciência, o poder, a sabedoria, e atributos negativos, tais como a ausência de "corporeidade" e atributos dos corpos, daquilo que deles decorre e daquilo que a eles se liga, mesmo de longe. Ora, os atributos positivos implicam essa ausência, para que nada dos atributos dos corpos neles se encontre – em particular a multiplicidade. Logo, esses atributos positivos não tornam múltipla sua essência, e eles equivalem todos a uma única ideia, que é sua essência mesma. Ele se pôs assim a procurar como poderia tornar-se semelhante a esse Ser em cada um desses dois tipos de atributos.

No que concerne aos atributos positivos, sabendo que eles equivalem todos à sua essência mesma e que não contêm nenhuma espécie de multiplicidade – uma vez que a multiplicidade é um atributo dos corpos –, sabendo, por outro lado, que o conhecimento que tinha de sua própria essência não era uma ideia acrescentada a essa essência, mas que sua essência era o conhecimento que tinha dessa essência, e que esse conhecimento de sua essência era sua essência mesma, compreendeu que, se ele pudesse conhecer a essência divina, esse conhecimento pelo qual a conheceria não seria uma ideia acrescentada à essência divina, mas seria a própria divindade: e compreendeu que o fato de se tornar semelhante a esse ser divino pelos atributos positivos consistia em conhecer somente ele mesmo, sem lhe associar nenhum atributo corpóreo. A isso se dedicou.

Quanto aos atributos negativos, eles equivalem todos à ausência da "corporeidade". Dispôs-se então a eliminar de sua própria essência os atributos da "corporeidade". Já havia eliminado muitos deles enquanto se exercitava precedentemente a assimilar-se aos corpos celestes, mas ainda restavam vários, tais como o movimento circular – pois o movimento é um dos atributos mais característicos dos corpos –, o cuidado com os animais e as plantas, a compaixão por eles e o cuidado para livrá-los dos seus entraves. Esses também são atributos corpóreos, já que, antes de mais nada, só os via por uma faculdade que é corpórea e que trabalhava para ser-lhes útil por uma faculdade igualmente corpórea. Dispôs-se então a eliminar de sua alma todos esses atributos, pois nenhum deles convinha ao estado para o qual doravante tendia. Resolveu então ficar imóvel no fundo de sua caverna, com a cabeça abaixada, as pálpebras cerradas, abstraindo-se dos objetos sensíveis e das faculdades corpóreas, concentrando suas preocupações e pensamentos unicamente no Ser necessário, sem nada mais associar a ele. Assim que a imagem de algum outro objeto se lhe oferecia, ele a descartava energicamente de sua imaginação e a expulsava. Familiarizou-se com esse exercício e nele trabalhou por muito tempo. Sucedia-lhe passar vários dias sem comer e sem se mexer. No auge dessa luta, por vezes desapareciam-lhe da memória e do pensamento todas as coisas que não fossem sua própria essência. Mas, enquanto estava mergulhado na intuição do ser verdadeiro e necessário, sua própria essência não desaparecia, e ele se afligia com isso, sabendo que era uma mescla na intuição pura e uma dispersão da atenção. Perseverou então em seus esforços para chegar à eliminação da consciência de si, à absorção na intuição pura do ser verdadeiro.

Por fim, conseguiu chegar lá. Tudo desapareceu de seu pensamento e de sua memória: os céus, a terra e tudo o que fica no intervalo entre eles, todas as formas espirituais, todas as faculdades corpóreas,

{153}

todas as faculdades separadas de toda matéria, isto é, as essências que têm a ideia do ser verdadeiro. E sua própria essência desapareceu com todas essas essências. Tudo isso se apagou, se dissipou como átomos disseminados. Restou apenas o Único, o Verdadeiro, o Ser Permanente dizendo-lhe com estas palavras – que não são nada acrescentado à sua essência: "A quem pertence agora a soberania? Ao Deus único e irresistível".[17]

Ele compreendeu suas palavras e ouviu seu apelo, ainda que não possuísse nenhuma língua para compreendê-las nem para falá-las. Mergulhou nesse estado e captou o que nenhum olho viu, o que nenhum ouvido ouviu, o que nunca se apresentou ao coração de um mortal.

Não consagres o coração a descrever uma coisa que um coração humano pode se representar. Pois, dentre as coisas que o coração humano se representa, muitas são difíceis de descrever. Mas quão mais difícil de descrever é a coisa que o coração não consegue, por nenhum caminho, representar-se,

---

17 *Alcorão* 11, 16.

que não pertence ao mesmo mundo que ele, que não é da mesma ordem!

Pela palavra coração não entendo o órgão corpóreo ao qual se dá esse nome, nem o espírito alojado em sua cavidade, mas a forma desse espírito – forma que, por suas faculdades, se difunde no corpo do homem. Pois cada um deles tem o nome de coração, mas é impossível que essa coisa seja captada por essas três realidades corpóreas. Ora, não se pode exprimir senão o que elas podem captar. Querer que se exprima esse estado é querer o impossível. É como se alguém quisesse conhecer o gosto das cores, ou quisesse que o negro, por exemplo, fosse doce ou ácido.

No entanto, a respeito das maravilhas que ele captou nessa estação, não te deixaremos sem dar algum esboço sob forma alegórica – e não batendo à porta da verdade, já que, para adquirir um conhecimento exato do que é captado nela, não existe outro meio senão alcançá-la por si mesmo. Ouve então agora com os ouvidos do coração, olha com os olhos do intelecto o que te vou indicar: talvez encontres aqui uma direção que te porá no caminho certo. A única condição que te imponho é que não me

IBN TUFAYL

peças presentemente que te dê de viva voz uma explicação mais ampla que a confiada a estas folhas; pois o campo é estreito, e determinar com palavras um objeto de natureza inexprimível é coisa perigosa.

Dir-te-ei então que, após ter perdido o sentimento de sua própria essência e de todas as outras para de fato não ver outra realidade a não ser o Único, o Estável, após ter visto o que tinha visto, quando retornou em seguida do estado em que se havia encontrado, que se assemelhava à embriaguez, ele considerou novamente as outras coisas. Foi então que lhe veio ao espírito que ele não tinha essência pela qual pudesse se distinguir da essência do verdadeiro;

que sua verdadeira essência era a essência do verdadeiro;

que aquilo que antes havia considerado como sua própria essência, distinta da essência do verdadeiro, na realidade nada mais era que a essência mesma do verdadeiro;

que ela era como a luz do Sol que cai sobre os corpos opacos e que parece estar neles – pois mesmo que se atribua essa luz ao corpo no qual aparece, na realidade ela nada mais é que a luz do Sol. Se esse corpo desaparece, sua luz desaparece, porém a luz do Sol permanece na sua integridade: ela não é diminuída pela presença desse corpo nem aumentada pela sua ausência. Assim que surge um corpo próprio para refletir uma tal luz, ele a reflete. À falta de um tal corpo, falta a reflexão, que não tem razão de ser.

Ele se firmou nesse pensamento ao considerar essa ideia cuja evidência havia estabelecido, isto é, que a essência do verdadeiro, poderoso e grande, não admite nenhuma espécie de multiplicidade e que o conhecimento que ele tem de sua essência é sua essência mesma. Donde resultava necessariamente para ele que quem chega a possuir o conhecimento dessa essência possui essa essência. Ora, já que ele havia chegado a possuir o conhecimento, ele possuía, portanto, a sua própria essência.

Mas, já que essa essência não pode ser presente senão a ela mesma, e que sua presença é ela mesma a essência, ele era, portanto, essa própria essência.

Do mesmo modo, todas as essências separadas da matéria e que conhecem essa essência verdadeira, todas essas essências que lhe tinham aparecido precedentemente como várias, se tornavam

para ele – por causa dessa argumentação especiosa –
uma só e mesma coisa.

Esse equívoco ter-se-ia talvez consolidado em
sua alma se Deus não tivesse vindo assistir-lhe com
sua graça e repô-lo no bom caminho. Compreendeu
então que, se havia cometido esse erro, ele o devia
a um resto de obscuridade dos corpos, a uma confusão vinda das coisas sensíveis. Pois muito e pouco,
uno, unidade e pluralidade, reunião e separação são
outras tantas determinações dos corpos. Dessas
essências separadas que conhecem a essência do
verdadeiro, poderoso e grande, sendo isentas de
matéria, não se deve dizer nem que elas são várias
nem que são o uno, porque a pluralidade vem somente da separação numérica das essências uma da
outra, e porque a unidade, do mesmo modo, só
existe pela reunião, e nada disso se compreende a
não ser nas ideias compostas, mescladas de matéria.

Fica muito difícil exprimir-se aqui, pois, se falares dessas essências separadas sob a forma do plural, como fazemos neste momento, isso leva a pensar que há nelas uma multiplicidade, embora sejam
isentas dela; e se falares dessas essências sob a

O FILÓSOFO AUTODIDATA

forma do singular, isso leva a pensar que são somente o uno, o que lhes desagrada do mesmo modo.

Parece-me ver levantar-se aqui um desses morcegos cujos olhos são feridos pelo Sol, e ouvi-lo gritar debatendo-se nas cadeias de sua tenebrosa ignorância: "Realmente tuas sutilezas ultrapassam os limites, a ponto de abdicares da naturalidade dos homens razoáveis e rejeitares o decreto da razão, pois é um de seus decretos que uma coisa seja una ou múltipla!".

Que esse homem se contenha e modere a linguagem! Que duvide de si mesmo e se instrua considerando o mundo sensível e abjeto do qual ele mesmo é uma parte, como fazia Hayy ibn Yaqzan quando, examinando-o de um certo ponto de vista, via-o múltiplo com uma multiplicidade impossível de abarcar, escapando a todo limite; depois, examinando-o de um outro ponto de vista, via-o uno e ficava indeciso sobre essa questão, sem poder decidir num ou noutro sentido. Pois o mundo sensível é a pátria do plural e do singular: nele se apreende a verdadeira natureza de ambos, nele aparecem a separação e a reunião, o lugar, a distinção numérica, o encontro e a dispersão.

Que pensará então do mundo divino, ao qual não se podem aplicar as palavras todo e parte, em relação ao qual não se pode proferir nenhum dos termos a que nossos ouvidos estão habituados, sem supor nisso alguma coisa contrária à realidade? Esse mundo, que só é conhecido por aquele que dele teve a intuição, e cuja verdadeira natureza não é captada senão por aquele que lá chegou!

Quanto à censura de que "chegaste a abdicar da naturalidade dos homens razoáveis e a rejeitar o decreto da razão", concedamos-lhe isso e deixemo-lo com sua razão e seus homens razoáveis. Pois a razão de que querem falar, ele e seus semelhantes, outra não é senão a faculdade lógica que examina as coisas sensíveis individuais para delas extrair a ideia geral, e os homens razoáveis de que fala são os que praticam esse procedimento especulativo, ao passo que o procedimento de que falamos está acima de tudo isso. Que tape então os ouvidos para não ouvir falar dele quem não conhece nada além das coisas sensíveis e de suas ideias gerais, e que volte para seus semelhantes, "pessoas que não conhecem senão as aparências da vida neste mundo. Quanto à outra vida, não se preocupam com ela".[18]

Se és daqueles para quem este gênero de indicações alusivas basta para evocar as realidades do mundo divino, e se não dás às expressões que aplicamos aos inteligíveis a significação que o uso corrente lhes dá, dir-te-ei ainda alguma coisa do que Hayy ibn Yaqzan captou na estação, que te relatei, dos que possuem a verdade.

A união mística

Chegado à absorção pura, ao completo aniquilamento da consciência de si, à união verdadeira, ele viu intuitivamente que a esfera suprema, além da qual não existem corpos, possui uma essência isenta de matéria, que não é a essência do Único, do Verdadeiro, que também não é a esfera ela mesma nem alguma coisa diferente de um e outra, mas que é como a imagem do Sol refletida num espelho polido: essa imagem não é o Sol nem o espelho, nem alguma coisa diferente de um e outro. Ele viu que a essência

---

18 *Alcorão* 30, 7.

{161}

dessa esfera, essência separada, tem uma perfeição, um esplendor, uma beleza grande demais para que a linguagem possa exprimi-las, sutis demais para poderem revestir-se com a forma de letras ou de sons. Sentiu que essa essência alcança o mais alto grau de felicidade, júbilo, contentamento e alegria pela intuição do verdadeiro, do glorioso.

Viu também que a esfera seguinte, a das estrelas fixas, possui igualmente uma essência isenta de matéria, e que não é a essência do Único, do Verdadeiro, nem a essência separada que pertence à esfera suprema, nem a segunda esfera ela mesma, nem alguma coisa diferente dos três, mas que é como a imagem do Sol refletida num espelho que recebe por reflexão a imagem refletida por um outro espelho voltado para o Sol. E viu que essa essência possui também um esplendor, uma beleza e uma felicidade semelhantes às da esfera suprema. Do mesmo modo, a esfera seguinte – a de Saturno –, tem uma essência separada da matéria, que não é nenhuma das essências que ele já havia captado, nem alguma coisa diferente, mas que é como a imagem do Sol refletida num espelho que reflete a imagem refletida por um segundo espelho, que reflete a imagem refletida por um terceiro espelho voltado para o Sol. Essa essência possui também um esplendor e uma felicidade semelhantes às das precedentes.

Viu em seguida que cada esfera possui uma essência separada, imaterial, que não é nenhuma das essências precedentes, nem contudo outra coisa, mas que é como a imagem do Sol refletida de espelho em espelho seguindo os graus escalonados da hierarquia das esferas. Cada uma dessas essências possui, no que respeita à beleza, ao esplendor, à felicidade e à alegria, o que nenhum olho viu, o que nenhum ouvido ouviu, o que jamais se apresentou ao coração de um mortal.

Ele chegou enfim ao mundo da geração e da corrupção, constituído por tudo o que preenche a esfera da Lua. Viu que esse mundo possui uma essência imaterial, que ela mesma não é nenhuma das essências que já havia captado, nem alguma coisa diferente, e que essa essência tem setenta mil rostos, cada um com setenta mil bocas, munidas cada uma com setenta mil línguas com as quais cada boca exalta a essência do Uno, do Verdadeiro, a abençoa e glorifica sem parar. Essa essência, em que parece surgir uma multiplicidade sem que ela seja múltipla, tem uma perfeição e uma felicidade semelhantes às que ele havia reconhecido nas essências precedentes. Essa essência é como a imagem do Sol que se reflete numa água tremulante reproduzindo a imagem refletida pelo espelho que recebe o último reflexo, segundo a ordem indicada antes, a reflexão vinda do espelho que está em frente ao próprio Sol.

Viu então que ele mesmo possuía uma essência separada, e, se a essência com setenta mil rostos pudesse ser dividida em partes, poder-se-ia dizer que essa essência era uma parte delas. Salvo o fato de que essa essência havia sido tirada da inexistência, poder-se-ia dizer que ela se confundia com a essência do mundo da geração e da corrupção. Por fim, se ela não se tivesse tornado a essência de seu próprio corpo desde o instante do nascimento desse corpo, poder-se-ia dizer que ela não havia tido início.

No mesmo patamar, viu essências semelhantes à sua, que pertenciam a corpos que haviam existido e depois desaparecido, e outras essências que pertenciam a corpos que existiam no mundo ao mesmo tempo que ele. A multiplicidade dessas essências ultrapassa todos os limites, se for permitido aplicar-lhes o vocábulo "pluralidade", ou então todas são o uno, se for permitido aplicar-lhes o vocábulo "unidade". E viu que sua própria essência e essas essências que estão no mesmo patamar que ele, no que respeita à beleza, ao esplendor, à felicidade infinitas, possuem o que nenhum olho viu, o que nenhum ouvido ouviu, o que jamais se apresentou ao coração de um mortal, o que não podem descrever os que sabem descrever, o que só podem compreender os que alcançaram, no êxtase, a união.

Viu também um grande número de essências imateriais semelhantes a espelhos oxidados e cobertos de sujeira, que voltavam as costas aos espelhos polidos nos quais se refletia a imagem do Sol e desviavam deles os rostos: nessas essências percebeu uma fealdade e uma imperfeição de que jamais havia tido ideia. Viu-as mergulhadas em dores sem fim, gemidos contínuos, envolvidas num turbilhão de tormentos, consumidas pelo fogo do véu da separação, dilaceradas entre a repulsão e a atração como pelos movimentos contrários de uma serra.

Além dessas essências expostas aos tormentos, viu outras aparecer e depois desaparecer, se formar e depois se dissolver. Nelas se deteve por muito tempo, considerando-as com cuidado, e viu nelas um enorme terror, imensidões, uma multidão agitada, uma sabedoria ordenadora eficaz, coroamento e insuflação, produção e destruição.

Mas ele não tardou em recuperar os sentidos. Despertou desse estado semelhante ao desmaio, seu pé escorregou dessa estação, o mundo sensível reapareceu enquanto o mundo divino desaparecia – pois eles não podem estar reunidos num mesmo estado de alma: este mundo e o outro são como duas esposas; não podes satisfazer uma sem irritar a outra. Talvez digas:

> do que relataste dessa intuição, resulta que as essências separadas, se pertencem a um corpo eterno e incorruptível como as esferas, são elas mesmas eternas; e se elas pertencem a um corpo que tende à corrupção, como é o caso do animal racional, elas também se corrompem, desaparecem e são aniquiladas, de acordo com tua comparação com os espelhos de reflexões sucessivas: pois a imagem só subsiste enquanto subsistir o espelho,

e, quando o espelho se deteriora, a própria imagem se deteriora infalivelmente e desaparece também.

A isso responderei:

Quão rápido esqueceste nosso pacto e violaste nossas convenções! Não te havia eu advertido de que aqui o campo da expressão é acanhado e que as palavras, de qualquer maneira que se as empregue, prestam-se a imaginar coisas falsas? Se foste levado a imaginar semelhante coisa, foi porque admitiste que o objeto ao qual se compara e aquele que é comparado estão no mesmo plano em todos os aspectos.

É o que nunca se deve fazer nas conversas habituais, e muito menos aqui! Pois o Sol, sua luz, sua imagem, sua figura, e os espelhos e as imagens que vêm se refletir neles, são outras tantas coisas inseparáveis dos corpos, que só subsistem por eles e neles, e que, consequentemente, precisam deles para existir e desaparecem com eles, ao passo que todas as essências divinas e as almas soberanas são livres de qualquer corpo e do que depende dos corpos. Elas são tão isentas de corpos quanto possível, sem vínculo com eles, sem dependência em relação a eles. Que os corpos desapareçam ou subsistam, que existam ou não existam, isso lhes é indiferente. Elas não têm vínculo e dependência a não ser em relação à essência do Uno, do verdadeiro, do ser necessário, que é a primeira dentre elas, seu princípio e sua causa, que as faz existir, durar, que lhes comunica permanência e perpetuidade. Elas não precisam dos corpos: são os corpos que precisam delas. Se fosse possível que os corpos não existissem, eles não existiriam, pois elas são os princípios dos corpos. Assim como, se fosse possível que a essência do verdadeiro não existisse – essa essência que por sua majestade e sua santidade está bem acima de uma tal suposição! –, nenhuma dessas essências existiria, os corpos não existiriam, nem o mundo sensível como um todo, e nenhum ser subsistiria, pois tudo está em conexão. E ainda que o mundo sensível siga o mundo divino, semelhante à sua sombra, ao passo que o mundo divino pode passar sem ele e lhe é estranho, não se pode supor a não existência do mundo sensível, pois ele é o que decorre do mundo divino, e sua corrupção implica mudança, mas não comporta a não existência total.

É o que exprime o Livro sagrado, lá onde diz que "as montanhas serão arrancadas, tornadas seme-

O FILÓSOFO AUTODIDATA

lhantes a flocos de lã, e os homens a borboletas",[19] que "o Sol e a Lua serão envoltos em trevas e que os mares se espalharão no dia em que a Terra for transformada em outra coisa que não a Terra, e o mesmo acontecer com os céus".[20]

Essas são todas as indicações que te posso dar agora sobre o que viu Hayy ibn Yaqzan nessa estação sublime. Não peças para aprender mais a respeito disso com palavras, pois é quase impossível.

Quanto ao fim de sua história, vou-te contar. Quando voltou ao mundo sensível após ter saído dele dessa maneira, ficou com aversão às preocupações da vida terrena. Sentiu um vivo desejo pela outra vida e esforçou-se para voltar a essa estação com os mesmos meios que havia empregado precedentemente. Conseguiu-o com menos esforço que da primeira vez, e aí permaneceu mais tempo, depois do que voltou ao mundo sensível. Em seguida, de novo esforçou-se para chegar à sua estação. Isso foi mais fácil que da

---

19 *Alcorão* 101, 3.
20 *Alcorão* 14, 49.

{169}

primeira e da segunda vez, e aí permaneceu por mais tempo. Tornou-se cada vez mais fácil para ele chegar à estação sublime, e aí permanecia cada vez mais tempo, de tal modo que por fim lá chegava quando queria e não saía senão quando queria.

Ligava-se assim à sua estação, só se desviando dela forçado pelas exigências do corpo, que, aliás, havia reduzido tanto quanto possível. Além disso, desejava que Deus, poderoso e grande, o livrasse completamente do corpo que lhe solicitava abandonar essa estação, a fim de se entregar inteira e perpetuamente à sua felicidade, e de se libertar da dor que sentia quando era desviado dela, lembrado das exigências do corpo. Permaneceu nessa estação até ter ultrapassado o sétimo septênio de sua existência, quer dizer, com a idade de cinquenta anos. Foi então que entrou em relação com Assal, e vou te relatar o que lhe sucedeu, se for do agrado do Deus altíssimo.

Assal e Sulaiman

Conta-se que numa ilha vizinha àquela em que Hayy ibn Yaqzan nascera, segundo uma das duas

versões relativas à sua origem, havia-se introduzido
uma das estimáveis religiões provenientes de um
dos antigos profetas – que as bênçãos de Deus estejam com eles! Era uma religião que exprimia todas as realidades verdadeiras com símbolos que
davam imagens dessas realidades e imprimiam seus
esboços nas almas, como é costume nos discursos
que se endereçam à multidão. Essa religião não
parava de difundir-se na ilha, de tornar-se poderosa
e de aí prevalecer, até que por fim o rei dessa ilha a
abraçou e exortou o povo a aderir a ela.

Nessa ilha viviam então dois homens de mérito
e de boa vontade: um se chamava Assal e o outro
Sulaiman. Eles tomaram conhecimento dessa religião e a abraçaram com ardor, empenhando-se em
observar todos os seus preceitos, sujeitando-se a
suas práticas e cumprindo-as juntos. Procuravam
às vezes compreender as expressões tradicionais
dessa lei religiosa relativa aos atributos de Deus
poderoso e grande, a seus anjos, à descrição da ressurreição, das recompensas e dos castigos.

Assal, por seu lado, procurava sobretudo penetrar o sentido oculto, descobrir a significação mís-

tica. Era propenso à interpretação alegórica. Sulaiman prendia-se antes ao sentido exterior, mais inclinado a abster-se da interpretação alegórica, do livre exame e da especulação. Mas um e outro se entregavam com zelo às práticas exteriores, ao exame de consciência, à luta contra as paixões.

Ora, existiam nessa lei religiosa máximas que exortavam ao retiro, à solidão, mostrando neles a libertação e a salvação, e outras máximas que recomendavam a convivência e a sociedade dos homens.

Assal tendia a buscar o retiro e dava preferência às máximas que o recomendavam, em virtude de sua inclinação natural para uma contínua meditação, para a busca de explicações, para o aprofundamento do sentido oculto dos símbolos. E era na solidão que esperava melhor alcançá-lo. Sulaiman, ao contrário, ligava-se à sociedade dos homens e dava preferência às máximas que a recomendavam, em virtude de sua repugnância natural pela meditação e pelo livre exame. Estimava, com efeito, que essa convivência era capaz de desviar a tentação satânica, afastar os maus pensamentos, proteger contra as instigações dos demônios. Essa divergência de opiniões foi a causa de sua separação.

Assal tinha ouvido falar da ilha na qual, de acordo com o que relatamos, Hayy ibn Yaqzan havia sido formado por geração espontânea. Conhecia-lhe a fertilidade, os recursos, o clima temperado, e pensava que o isolamento nessa ilha conviria à realização de seus desejos. Decidiu ir para lá e passar ali o resto da vida longe dos homens. Liquidou todos os seus bens, empregou uma parte no fretamento de um navio destinado a transportá-lo para essa ilha, distribuiu o resto entre os pobres, disse adeus a seu companheiro e lançou-se às vagas. Tendo-o conduzido à ilha, os marinheiros o desembarcaram na praia e ali o deixaram. Assal ficou lá, adorando Deus poderoso e grande, glorificando-o e santificando-o, meditando sobre seus belos nomes e sobre seus atributos sublimes, sem que seu pensamento fosse interrompido nem sua meditação perturbada.

Quando precisava de alimento, comia frutos da ilha ou animais que apanhava, tantos quantos necessários para aplacar-lhe a fome. Permaneceu assim por certo tempo numa felicidade perfeita, em sociedade íntima e em conversação familiar com seu Senhor. E a cada dia recebia dele benefícios manifestos, favores especiais, sinais de complacência em satisfazer-lhe os desejos e em conseguir-lhe alimento, que reforçavam sua fé absoluta e acalmavam seu coração.

Nessa época, Hayy ibn Yaqzan estava profundamente mergulhado em seus êxtases sublimes, e não deixava a caverna senão uma vez por semana para apanhar o alimento que se lhe apresentava. Foi por isso que Assal não o descobriu imediatamente: ele dava voltas na ilha e visitava suas diferentes partes sem ver nem perceber traço de nenhum ser humano. Isso foi para ele um acréscimo de alegria e uma satisfação íntima, dada a resolução que havia tomado de buscar o retiro e o isolamento absolutos.

O encontro

Mas sucedeu que um dia, Hayy ibn Yaqzan tendo saído para procurar alimento no momento em que Assal chegava ao mesmo lugar, avistaram-se um ao outro. Assal não duvidou de que fosse um piedoso anacoreta vindo a essa ilha para aí levar uma vida retirada, como ele mesmo para lá tinha ido.

O FILÓSOFO AUTODIDATA

Temia, se o abordasse e travasse conhecimento com ele, que fosse uma causa de perturbação para seu estado e um obstáculo à realização de seus desejos.

Quanto a Hayy ibn Yaqzan, não soube o que era esse ser, pois não reconhecia nele a forma de nenhum dos animais que já havia visto. Assal trazia uma túnica preta de lã peluda, que ele tomou por uma pele natural. Parou então espantado a considerá-lo longamente.

Assal escolheu a fuga, temendo que ele o desviasse de seu estado. Hayy ibn Yaqzan lançou-se em sua perseguição, levado por sua tendência natural a tudo aprofundar, mas, vendo que ele fugia a toda a velocidade, ficou para trás e se escondeu de sua vista. Assal acreditou que ele havia renunciado a perseguí-lo e que tinha ido embora. Entregou-se então à oração, à leitura, às invocações, às lágrimas, às súplicas e às lamentações, a ponto de esquecer todo o resto.

Então Hayy ibn Yaqzan aproximou-se pouco a pouco sem que Assal percebesse, e logo estava bastante próximo para ouvi-lo ler e louvar a Deus, para ver-lhe a humilde postura e as lágrimas. Ouviu uma bela voz e articulações ordenadas, tais como não

{175}

tinha ouvido proferir por nenhum animal. Observou suas formas e traços, constatou que tinha o mesmo aspecto que ele mesmo, e compreendeu que a túnica que o cobria não era uma pele natural, mas uma vestimenta de empréstimo como sua própria vestimenta. Vendo sua atitude humilde, suas súplicas e lágrimas, não duvidou de que fosse uma das essências que conhecem o Verdadeiro.

Sentiu-se atraído por ele, desejoso de saber o que lhe sucedia, e qual era a razão de suas lágrimas. Chegou mais perto, e Assal, avistando-o por fim, pôs-se rapidamente em fuga. Hayy ibn Yaqzan perseguiu-o não menos rapidamente. Dotado por Deus de uma grande força e de uma organização física tão perfeita quanto a de seu intelecto, não tardou a alcançá-lo, agarrou-o, segurou-o e o pôs na impossibilidade de ir embora. Vendo-o vestido com peles de animais com pelos compridos, e munido de uma cabeleira tão longa que lhe cobria grande parte do corpo, vendo sua rapidez na corrida e sua grande força, Assal foi tomado de pavor. Pôs-se a acalmá-lo e a suplicar-lhe com palavras que Hayy ibn Yaqzan não compreendia, cujas funções ignorava, e nas quais distinguia somente sinais de pavor. Procurou então tranquilizá-lo com inflexões de voz que havia aprendido com certos animais, passando-lhe a mão na cabeça e dos lados, acariciando-o, manifestando bom humor e alegria, de tal modo que, voltando de seu pavor, Assal compreendeu que ele não lhe queria nenhum mal.

Ora, Assal, antigamente, em virtude de seu gosto pela ciência da interpretação, havia aprendido a maioria das línguas e era perito nelas. Dirigiu então a palavra a Hayy ibn Yaqzan e pediu-lhe informações sobre ele em todas as línguas que conhecia, esforçando-se para se fazer entender, mas em vão. Em tudo isso Hayy ibn Yaqzan admirava o que ouvia, sem captar-lhe o sentido e sem ver outra coisa senão a afabilidade e a acolhida calorosa, de tal modo que cada um deles considerava o outro com espanto.

Assal tinha com ele um resto de provisões que havia trazido da ilha habitada. Ofereceu-as a Hayy ibn Yaqzan. Este não sabia o que eram, pois ainda não tinha visto nada parecido. Assal comeu e lhe fez sinal para que comesse. Mas Hayy ibn Yaqzan pensou nas regras que se havia imposto relativamente à alimentação. Não sabendo qual era a natureza do manjar que lhe era apresentado, e se lhe era ou não permitido comê-lo, se absteve. Assal não parou de exortá-lo insistentemente. Sentindo já por ele uma viva simpatia e temendo afligi-lo se persistisse em sua recusa, Hayy ibn Yaqzan pegou o alimento e comeu. Mas, após ter experimentado esses manjares e tê-los considerado bons, pareceu-lhe que havia agido mal violando as regras concernentes à alimentação que havia prometido a si mesmo observar. Arrependeu-se de sua ação e quis separar-se de Assal, retomar sua ocupação favorita, procurar voltar à sua estação sublime.

Porém, como a intuição extática não voltou prontamente, julgou correto permanecer com Assal no mundo da sensação até que, seu caso tendo sido aprofundado, não lhe restasse mais na alma nenhuma curiosidade em relação a ele, o que lhe permitiria então retornar à sua estação sem que nada viesse distraí-lo. Entregou-se, pois, à convivência com Assal. Por seu lado, Assal, vendo que ele não falava, tranquilizou-se a respeito dos perigos que ele podia representar à sua devoção. Esperava ensinar-

-lhe a linguagem, a ciência, a religião, aumentar assim seu mérito e aproximar-se ainda mais de Deus.

Assal pôs-se então a ensinar-lhe primeiro a linguagem. Mostrava-lhe os objetos pronunciando seus nomes. Repetia-os convidando-o a pronunciá-los. Hayy pronunciava-os por sua vez mostrando-os. Chegou dessa maneira a ensinar-lhe todos os nomes e pouco a pouco conseguiu, num tempo muito curto, pô-lo em condições de falar.

Assal pôs-se então a interrogar Hayy sobre sua pessoa, o lugar de onde tinha vindo para essa ilha. Hayy ibn Yaqzan explicou-lhe que ignorava qual podia ser sua origem, que não conhecia nem pai nem mãe, salvo a gazela que o havia criado. Informou-o sobre tudo que lhe concernia, e sobre os conhecimentos que havia progressivamente adquirido até o momento em que havia alcançado o grau da união com o saber.

Quando ouviu explicar essas verdades, as essências separadas do mundo sensível, instruídas sobre a essência do Verdadeiro, poderoso e grande, e a essência do Verdadeiro altíssimo e glorioso com seus atributos sublimes, quando o ouviu explicar, tanto quanto lhe era possível, o que captara nesse estado de união com o saber sobre a felicidade dos que chegaram à união e sobre o sofrimento dos que dela estão excluídos por um véu, Assal não duvidou de que todas as tradições de sua lei religiosa relativas a Deus poderoso e grande, a seus anjos, a seus livros, a seus enviados, ao juízo final, a seu paraíso e ao fogo de seu inferno fossem os símbolos do que Hayy ibn Yaqzan havia captado sem rodeios.

Os olhos de seu coração se abriram, o fogo de seu pensamento se acendeu. Ele via estabelecer-se a concordância entre a razão e a tradição. As vias da interpretação alegórica se lhe ofereciam. Nada mais restava de difícil na lei divina que ele não compreendesse, nada de fechado que não se abrisse, nada de obscuro que não se iluminasse. Tornava-se um daqueles que sabem compreender. Considerou desde então Hayy ibn Yaqzan com admiração e respeito, tendo por garantido que ele estava entre os amigos de Deus "que não sentirão nenhum medo e que não serão afligidos".[21] Dedicou-se a servi-lo,

---

21 *Alcorão* 2, 36; 264; 275.

a imitá-lo, a seguir-lhe as indicações relativas às obras que teria ocasião de realizar segundo a instituição da Lei revelada, aprendidas na sua religião.

Hayy ibn Yaqzan, por sua vez, pôs-se a interrogá-lo sobre ele e sobre sua condição. Assal falou-lhe de sua ilha, das pessoas que nela se encontravam, da maneira como viviam antes de ter recebido a religião e depois de a ter recebido. Relatou-lhe todas as descrições feitas pela lei religiosa do mundo divino, do paraíso, do fogo do inferno, da ressurreição, da reunião do gênero humano trazido de volta à vida, das contas que será preciso prestar, da balança e da ponte.

Hayy ibn Yaqzan compreendeu tudo isso e não viu aí nada que estivesse em oposição ao que tinha contemplado em sua estação sublime. Reconheceu que aquele que havia traçado e propagado essas ideias era verídico em suas descrições, sincero em suas palavras, enviado por seu Senhor. Depositou confiança nele, acreditou em sua veracidade e prestou homenagem a sua missão.

Pôs-se em seguida a questioná-lo sobre os preceitos que esse enviado havia trazido, sobre as práticas religiosas que havia imposto, e Assal lhe relatava a oração, a esmola legal, o jejum, a peregrinação, e outras obras exteriores do mesmo gênero. Ele aceitou essas obrigações, submeteu-se a elas e obrigou-se a cumpri-las, para obedecer à ordem formulada por aquele de cuja veracidade não tinha a menor dúvida.

Duas coisas, entretanto, cuja sabedoria não compreendia, não cessavam de surpreendê-lo. Em primeiro lugar, por que esse enviado se servia mais frequentemente de alegorias na descrição do mundo divino ao dirigir-se aos homens? Por que se havia abstido de apresentar a verdade nua? Por que ter escolhido o que faz cair os homens no erro grave de dar um corpo a Deus, de atribuir à essência do Verdadeiro caracteres de que é isento e puro? O mesmo ocorria no que se relacionava às recompensas, aos castigos e à vida futura.

Em segundo lugar, por que se apegava ele a esses preceitos e a essas prescrições rituais, por que permitia adquirir riquezas e deixava uma tal liberdade quanto aos alimentos, de tal modo que os homens se entregavam a ocupações fúteis e se desviavam da verdade? – Pois ele mesmo estimava que não se devia comer senão o alimento necessário para manter a vida. Quanto à riqueza, ela não tinha a seus olhos nenhuma razão de ser. Considerando as diversas disposições da lei relativas às riquezas, por exemplo, a esmola legal e suas subdivisões, as vendas e compras, a usura, as penalidades decretadas pela lei ou deixadas à apreciação do juiz, ele achava tudo isso estranho e supérfluo. Pensava que, se os homens compreendessem o verdadeiro valor das coisas, certamente se afastariam dessas futilidades, se dirigiriam para o Ser verdadeiro e dispensariam tudo isso: ninguém possuiria propriedade privada pela qual estaria sujeito à esmola legal, ou cujo roubo furtivo ocasionasse para o culpado a secção das mãos, e o roubo ostensivo a pena de morte.

O que o fazia cair nessa ilusão era que ele se figurava que todos os homens eram dotados de uma natureza excelente, de uma alma firme e de uma inteligência penetrante. Ignorava a inércia e imperfeição de seu espírito, a falsidade de seu julgamento, sua inconstância. Ignorava que são "como um vil rebanho, e [estão] mesmo mais afastados do bom caminho".[22]

---

22 *Alcorão* 25, 44.

O fracasso de Hayy

Cheio de compaixão pelos homens, e desejando ardentemente levar-lhes a salvação, concebeu o propósito de ir ter com eles e expor-lhes a verdade de maneira clara e evidente. Abriu-se a seu companheiro Assal, e perguntou-lhe se havia um meio de chegar até os homens. Assal esclareceu-o sobre a imperfeição de sua natureza, seu distanciamento dos mandamentos divinos, mas Hayy não podia compreender semelhante coisa e permanecia, em sua alma, preso à sua esperança. Por seu lado, Assal desejava que, por intermédio de Hayy ibn Yaqzan, Deus dirigisse alguns homens seus conhecidos dispostos a deixar-se guiar e mais próximos da salvação que os outros. Favoreceu portanto seu propósito. Julgaram que deviam ficar noite e dia na costa sem dali se afastar, na esperança de que Deus lhes fornecesse talvez a ocasião de transpô-la. Ali permaneceram, pois, assiduamente, suplicando em suas orações que Deus, poderoso e grande, conduzisse seu empreendimento a bom fim.[23]

---

23 Cf. Alcorão 18, 10.

Ora, pela vontade de Deus, grande e poderoso, sucedeu que um navio, tendo perdido sua rota no mar, fosse levado pelos ventos e as vagas tumultuosas até a costa da ilha. Ao atracar, seus ocupantes avistaram os dois homens à beira-mar e se aproximaram deles. Assal, dirigindo-lhes a palavra, pediu-lhes que levassem os dois. Eles acederam ao pedido e os fizeram entrar no navio. Deus enviou-lhes um vento favorável que levou o navio em muito pouco tempo à ilha onde desejavam chegar. Os dois companheiros desembarcaram e entraram na cidade.

Os amigos de Assal vieram vê-lo, e ele esclareceu-os sobre Hayy ibn Yaqzan. Eles o cercaram em peso, admirando seu caso. Aproximaram-se dele, cheios de estima e de veneração. Assal explicou-lhe que esse pequeno grupo de homens era superior a todos os outros pela inteligência e pela penetração, e preveniu-o de que, se não conseguisse instruí-los, conseguiria ainda menos com a multidão. O chefe dessa ilha, seu príncipe, era Sulaiman, o amigo de Assal, que julgava preferível apegar-se à sociedade dos homens e que considerava o retiro um erro.

Hayy ibn Yaqzan tentou então instruí-los e revelar-lhes os segredos da sabedoria. Mas, mal se tinha elevado um pouquinho acima do sentido exotérico para abordar certas verdades contrárias a seus preconceitos, começaram a afastar-se dele: as doutrinas que apresentava desagradavam-lhes à alma, e, mesmo fazendo boa cara por cortesia a um estrangeiro e por consideração a seu amigo Assal, no fundo do coração irritavam-se com ele.

Hayy ibn Yaqzan não parou de tratá-los bem o tempo inteiro e de expor-lhes a verdade, tanto na intimidade como em público. Não conseguia senão aborrecê-los e intimidá-los ainda mais. Eram amigos do bem e desejosos do verdadeiro, mas, em virtude de sua natureza imperfeita, não perseguiam o verdadeiro pela via necessária, não se dirigiam para o lado que era preciso e, em vez de abrir a boa porta, procuravam encontrar o verdadeiro pela via das autoridades.

Hayy desanimou de corrigi-los e perdeu toda a esperança de convencê-los. Examinando sucessivamente as diferentes espécies de homens, viu que "aqueles de cada categoria, contentes com o que têm, tomam suas paixões por Deus",[24] seus desejos por objetos de culto; que se matam a recolher os ramúsculos deste mundo, "absorvidos pelo interesse em acumular até a hora de visitar o túmulo".[25] As advertências não fazem efeito sobre eles, as boas palavras não têm força, a discussão só produz neles a obstinação. Quanto à sabedoria, não lhes está aberto nenhum caminho em sua direção e não participam dela de modo algum. Estão mergulhados na cegueira, "e os bens que perseguem, como a ferrugem, invadiram-lhes os corações".[26] "Deus selou-lhes os corações e os ouvidos, e um véu se estende sobre seus olhos. Um grande castigo os espera."[27]

Quando viu que o turbilhão do castigo os envolvia, que as trevas da separação os cobriam, que todos, com poucas exceções, só captavam de sua religião o que diz respeito a este mundo, quando viu que abandonavam as práticas religiosas, mesmo que

---

24 *Alcorão* 45, 23.
25 *Alcorão* 102, 1 e 2.
26 *Alcorão* 83, 14.
27 *Alcorão* 2, 7.

Ibn Tufayl

fossem fáceis e leves, e que as "vendiam barato",[28] quando viu que o comércio e as transações os impediam de lembrar-se do Deus altíssimo, que não temiam "um dia em que serão convertidos os corações e os olhos",[29] compreendeu com uma certeza absoluta que tentar mantê-los na verdade pura era coisa inútil, que chegar a impor-lhes um padrão mais elevado de conduta era coisa irrealizável. Para a maioria dentre eles, o lucro que podiam tirar da lei religiosa concernia à sua existência presente e consistia em poder gozar a vida sem serem lesados por outrem na posse das coisas que consideravam como sua propriedade particular. Salvo raras exceções – os que, querendo ganhar a vida futura, faziam esforços para obtê-la e acreditavam verdadeiramente –, não obteriam a felicidade futura, pois "todo aquele que for ímpio e escolher a vida deste mundo terá o inferno por morada".[30]

O que há de mais penoso, de mais profundamente miserável, que a condição de um homem tal

---

28 *Alcorão* 3, 187.
29 *Alcorão* 24, 37.
30 *Alcorão* 79, 37-39.

que, se passarmos em revista suas obras desde o instante em que acorda até o momento em que adormece, não encontramos uma única obra que não tenha por fim alguma dessas coisas sensíveis e abjetas: acumular riquezas, buscar um prazer, satisfazer uma paixão, saciar uma cólera, adquirir uma posição que lhe ofereça segurança, realizar um ato religioso do qual se vanglorie ou que lhe proteja a cabeça? Não são senão "trevas sobre trevas acima de um mar profundo",[31] e nenhum de vós escapará delas; é uma sanção decidida, da parte de teu Senhor".[32]

Assim que compreendeu as diversas condições dos homens e captou que a maioria dentre eles está no patamar dos animais desprovidos de razão, reconheceu que toda sabedoria, toda direção e toda assistência residem nas palavras dos profetas, nos ensinamentos trazidos pela lei religiosa, que nada mais é possível e que a isso nada se pode acrescentar; que existem homens para cada função, que cada um é mais apto a fazer aquilo em vista do que foi

---

31 *Alcorão* 24, 40
32 *Alcorão* 19, 71.

criado: "Tal foi a conduta de Deus em relação àqueles que não existem mais. Não poderias encontrar nenhuma mudança na conduta de Deus."[33]

Ele se dirigiu para perto de Sulaiman e de seus companheiros, apresentou-lhes suas desculpas pelos discursos que havia feito e se retratou. Declarou-lhes que doravante pensava como eles, que a norma deles era a sua. Recomendou-lhes que continuassem a observar rigorosamente as demarcações da lei divina e as práticas exteriores, que aprofundassem o menos possível as coisas que não lhes diziam respeito, que acreditassem sem resistência nas passagens ambíguas dos textos sagrados, que se afastassem das heresias e das opiniões pessoais, que se pautassem pelos virtuosos ancestrais e fugissem das novidades. Recomendou-lhes que evitassem a indiferença da grande massa pela lei religiosa, seu apego ao mundo, e suplicou-lhes que tomassem cautela contra esse desvario.

Pois eles haviam reconhecido, ele e seu amigo Assal, que não existia outro caminho para a salva-

---

33 *Alcorão* 48, 23.

O FILÓSOFO AUTODIDATA

ção dessa categoria de homens servis e impotentes, e que, se fossem desviados dele para serem conduzidos às alturas da especulação, sofreriam em seu estado uma comoção profunda sem poder alcançar o estágio dos bem-aventurados. Oscilariam, vacilariam e teriam um mau fim, ao passo que, se permanecessem até a morte no estado em que se encontravam, obteriam a salvação e fariam parte daqueles que seriam colocados à direita: "Quanto àqueles que tiverem tomado a dianteira, serão postos na frente e serão os mais próximos de Deus".[34]

Ambos disseram-lhes adeus, deixaram-nos e esperaram pacientemente a ocasião de retornar à sua ilha. Por fim, Deus, poderoso e grande, facilitou-lhes a travessia. Hayy ibn Yaqzan esforçou-se para voltar à sua estação sublime pelos mesmos meios que antes. Não tardou em consegui-lo, e Assal o imitou tão bem que atingiu quase o mesmo plano. E até a morte adoraram Deus nessa ilha.

Essa é – que Deus te assista com uma inspiração vinda dele! – a história de Hayy ibn Yaqzan, Assal

---

34 *Alcorão*, 56, 10-11.

e Sulaiman. Esta narrativa abarca muitas coisas que não se encontram em nenhum escrito e que não se podem ouvir em nenhuma das narrativas orais em curso.

Ela depende da ciência oculta, que somente são capazes de receber os que têm o conhecimento de Deus, e que é ignorada pelos que o desconhecem.

Afastei-me, publicando-o, da linha seguida por nossos virtuosos ancestrais, que tinham ciúmes de um tal segredo e se mostravam avaros em relação a ele. O que me fez divulgá-lo e rasgar o véu foram certas opiniões malsãs aparecidas em nosso tempo, postas na moda por filósofos deste século e abertamente expostas por eles, de tal modo que se propagaram em diversos países e que o mal causado por elas tornou-se geral. Foi por isso que temi que os homens fracos, que rejeitaram a autoridade dos profetas para seguir a autoridade dos loucos, imaginassem que essas opiniões são os segredos que se devem esconder daqueles que não são dignos deles, e que isso não aumentasse o gosto e o vivo interesse que sentem por elas. Pareceu-me então acertado fazer brilhar a seus olhos alguns clarões do segredo dos segredos, a fim de atraí-los para o lado da verdade e desviá-los desse caminho.

Mas esses segredos que confio a estas poucas folhas, tive o cuidado de deixá-los cobertos com um ligeiro véu, que se deixará prontamente rasgar por quem é digno deles, mas que permanecerá com uma impenetrável opacidade para todo aquele que não seja digno de ir além.

No que me concerne, rogo a meus irmãos que lerem este tratado que aceitem minhas desculpas pela liberdade na exposição e falta de rigor na demonstração. Não incorri nesses defeitos senão porque me elevava a alturas que o olhar não pode alcançar, e porque queria, pela linguagem, dar suas representações aproximadas, a fim de inspirar um ardente desejo de entrar no caminho. Peço a Deus perdão e indulgência, peço-lhe também que nos inunde de clareza com seu conhecimento, pois ele é caridoso e generoso.

Que a paz esteja contigo, assim como a misericórdia e as bênçãos divinas, meu irmão a quem tenho o dever de auxiliar!

SOBRE O LIVRO

Formato: 11,5 x 18 cm
Mancha: 19,6 x 38 paicas
Tipologia: Adobe Jenson Regular 13/17
Papel: Off-white 70 g/m² (miolo)
Couché 120 g/m² encartonado (capa)
1ª edição: 2005

EQUIPE DE REALIZAÇÃO

Coordenação Geral
Sidnei Simonelli

Assistência editorial
Olivia Frade Zambone

Edição de Texto
Tulio Kawata (Preparação de Original)
Sandra Garcia Cortes, Elizete Mitestaines e
Rosani Andreani (Revisão)

Diagramação
Guacira Simonelli

Projeto Gráfico de Capa
Moema Cavalcanti